南怀瑾

孟子与尽心篇

人民东方出版传媒
東方出版社

编者的话

南怀瑾先生是近年来享誉国内外，特别是华人读者中的文化大师、国学大家。先生出身于世代书香门第，自幼饱读诗书，遍览经史子集，为其终身学业打下了扎实的基础；而其一生从军、执教、经商、游历、考察、讲学的人生经历又是不可复制的特殊经验，使得先生对国学钻研精深，体认深刻，于中华传统文化之儒、道、佛皆有造诣，更兼通诸子百家、诗词曲赋、天文历法、医学养生等等，对西方文化亦有深刻体认，在中西文化界均为人敬重，堪称“一代宗师”。书剑飘零大半生后，先生终于寻根问源回到故土，建立学堂，亲自讲解传授，为弘扬、传承和复兴民族文化精华和人文精神不遗余力，其情可感，其心可佩。

南怀瑾先生曾于 1976 年应台湾《青年战士报》之邀公开讲解《孟子》，其中关于《梁惠王》的讲授整理成《孟子旁通》（一）于 1984 年出版。因缘境遇波折，三十多年后的今天，南先生关于《孟子》的其余讲授在整理后将陆续与读者见面。鉴于他对其中各篇的讲授皆可单独成书，整理《梁惠王》以外篇章的讲授时不再沿用《孟子旁通》之名，而是各篇自成一书、各书重定名目。本书是南先生讲授《孟子》

最后一篇《尽心》的整理，南先生将之定名为《孟子与尽心篇》。经南先生法定继承人独家授权，由我社首次出版横排简体字本，献给广大热爱中国传统文化的读者。

孟子生当“争地以战，杀人盈野”的战国时代，却坚持以儒家仁政思想指导人君，自然是方枘圆凿，格格不入。但作为先秦时期最伟大的思想家之一，孟子以超越时代的睿智和自信，接续并深入发展了孔子所开创的内在生命世界和人文价值世界。尤其是他首先提出了“尽心—知性—知天”的模式，建构起了独特的心性论，对儒家思想体系的建立及“天人合一”的中国哲学基本精神的形成均有深刻影响。而本书所讲之《尽心》篇，正是这一理论体系的集中体现。

南怀瑾先生一生旷达，于传道授业解惑中，不作莫测高深之态，不为佶屈聱牙之词。在本书中，南先生以其一贯的旁征博引、经史合参，幽默风趣、平白如话的风格，从中国文化传统中著名的“十六字心传”（《尚书·大禹谟》：“人心惟危，道心惟微；惟精惟一，允执厥中”）说开去，对《尽心》篇进行了分章分句的逐一讲解，阐述了“良知良能”、“仁民爱物”、“民贵君轻”、“说大人则藐之”等一系列在孟子政治、教育思想和个体修养中占有重要地位的概念及其内涵，以“修身立命”总领，以“尽心”点题，并借孟子“五百年必有王者兴”之叹，冀望于二十一世纪之青年学子。

我社与南怀瑾先生结缘于太湖大学堂。出于对中华优秀传统文化的共同认识和传扬中华文明的强烈社会责任感、紧迫感，承蒙南怀瑾先生及其后人的信任和厚爱，独家授权，我社遵南师遗愿，陆续推出南怀瑾先生作品的简体字版作品，其中既包括世有公论的著述，更有令人期待的新说。作为一代国学宗师，南怀瑾先生“通古今之变，成一家之言”，毕生致力于民族振兴和改善社会人心。我社深感于南先生的大爱之心，谨遵学术文化“百花齐放，百家争鸣”之原则，牢记出版人的立场和使命，尽力将大师思想和著述如实呈现读者。其妙法得失，还望读者自己领会。

南先生一生从发愿到功德圆满于前年中秋，殚精竭虑，矢志不移，辛苦操劳，无怨无悔，诚如他的秘书马先生所说，南师是一个点灯的人，他来这个世上，是希望点亮越来越多人的心灯。而我们要做的就是点亮自己这盏灯，自然会照亮周围。这才是对他最好的怀念和祭奠！

太湖茫茫，雁荡苍苍，大师云逝，百代留芳。书剑飘零，道德文章，惠泽后世，桃李芬芳。

谨以此作为对大师的致敬！

东方出版社

二〇一四年六月

目　录

子行法以俟命〇说大人则藐之〇狂獧的表现〇乡原的表现〇孟子的感慨

出版说明

《孟子》的《尽心》篇，是全书的最后一篇，也是全部《孟子》的结论，更是《孟子》的重要中心思想。

孟子认为，仁道就是人道，而人道是以心为中心的，所以尽其心就是这个道。

孟子讲到性与命的问题，命功是由修养可得；而性功则要识见透彻，属于智慧方面的成就。

孟子将性与命双修的道理，解释得十分具体，十分透彻；更将内圣外王之学，表达得充分无遗。

在这一篇中，孟子更说到民主的问题，所谓的“民为贵”，并不是民为主；孟子的思想，是以民主为基础，而以君主制度，实施民主精神的管理。孟子这种想法，似乎是以民为本的，可以称为民本制度。

孟子也感叹专才多，通才少的问题，专才与专才之间，沟通不易，管理需要的不是专才，而是善于沟通意见，协调各方的通才。

二〇一一年的春季，在《孟子》的七篇之中，有尚未出版的三篇（《滕文公》、《告子》、《尽心》），已全部整理完毕，等待南师怀瑾先生的审阅。但那时先生已眼力欠佳，阅读不太可能，无奈之下，即由宏忍师于每日中午时分，给先生念《尽心》篇整理文稿数页，先生则随时订正，连续两月始告完毕。

之后，先生稍有空闲，再由牟炼代念《告子》篇的整理文稿，本拟仍按《孟子》原书次序《滕文公》、《告子》、《尽心》，陆续出版。无奈先生忽于二〇一二年九月辞世，环境人事接连大变，只能望洋兴叹。

现先生辞世已过一年，此篇先行面世，其余两篇，亦将接续印行出版，以圆满先生讲解《孟子》之深意。

刘雨虹　记

二〇一四年三月庙港

尽心章句上

十六字心传

现在我们讨论《孟子》最后一章《尽心》，这是孟子整个学术思想的中心，也就是后世所谓的孔孟心传，是构成中国文化中心思想之一。这一贯的中心思想，绝对是中国的，是远从五千年前，一直流传到现在的，没有丝毫外来的学说思想成分。所以后世特别提出，中国圣人之道就是“内圣外王”之道的心传。历史上有根据的记载，是在《尚书·大禹谟》上，其中有帝舜传给大禹的十六个字：“人心惟危，道心惟微，惟精惟一，允执厥中。”在一两千年之后，到了唐宋的阶段，就有所谓的“传心法要”；这是佛学进入中国之前的一千多年，儒道两家还没有分开时的思想。当时圣人之所以为圣人，就是因为得道；那时所谓道的中心，就是“心法”。

这十六字的心传，含义非常广泛。我国的文字，在古代非常简练，一个字一个音就是一个句子，代表了一个观念。外国文字，则往往是用好几个音拼成一个字或一个词句，表达一个观念。这只是语言、文字的表达方式不同，而不是好坏优劣的差异。

中国古代人读书，八岁开始读书识字，这样叫做“小学”，就是认字。例如“人”字，古文中怎样写？为什么要这样写？代表什么观念？如何读音？有时候，一个字代表了几种观念，也有几种不同的读音。所以中国的文字，任何学者、文豪，能认识二三千字以上的，已经是不得了啦！普通认得一两千字就够用了。外国文字则不然，每一新的事物，必须创造一个音、形皆不同的新字，所以现在外文的单字，以数十万计。过去“小学”的基本功课，是先认识单字的内涵，其中有所谓“六书”的意义。什么叫六书呢？就是“象形、指事、形声、会意、转注、假借”，这六种是中国传统文字内涵的重点。现在读书，已经不先研读“小学”六书了，不从文字所代表的思想、观念的含义打基础，对于小学的教学，完全不再下基本功夫了。

“人心惟危”的“惟”字，在这里是一个介词，它的作用，只是把“人心”与“危”上下两个词连接起来，而本身这个“惟”字，并不含其他意义。例如我们平时说话：“青的嗯……山脉”，这个拖长的“嗯……”并不具意义。至于下面的“危”字，是“危险”的意思，也有“正”的意思，如常说的“正襟危坐”的“危”，意思就是端正。而危险与端正，看起来好像相反，其实是一样的，端端正正地站在高处，是相当危险的。也因为如此，外国人认起中国字来，会觉得麻烦，但真正依六书的方法，以“小学”功夫去研究中国字的人，越研究越有趣。如上一代章太炎这类的大师们，就具备了这种基础功夫，钻进去就不肯退出来。现代人写的文章，不通的很多，连多音字都不懂，都用错了。

《尚书》里说“人心惟危”，就是说人的心思变化多端，往往恶念多于善念，非常可怕。那么如何把恶念变成善念，把邪念转成正念，把坏的念头转成好的念头呢？怎么样使

“人心”变成“道心”呢？这一步学问的功夫是很微妙的，一般人很难自我反省观察清楚。如果能够观察清楚，就是圣贤学问之道，也就是真正够得上人之所以为人之道。所以道家称这种人为真人，《庄子》里经常用到真人这个名词；换言之，未得道的人，只是一个人的空架子而已。

人心转过来就是“道心”。“道心”又是什么样子呢？“道心惟微”，微妙得很，看不见，摸不着，无形象，在在处处都是。舜传给大禹修养道心的方法，就是“惟精惟一”，只有专精。舜所说的这个心法，一直流传下来，但并不像现在人说的要打坐，或佛家说修戒、定、慧，以及道家说炼气、炼丹修道那个样子。

什么叫做“惟精惟一”？发挥起来就够多了。古人为了解释这几个字，就有十几万字的一本著作。简单说来，就是专一，也就是佛家所说的“制心一处，无事不办”或“一心不乱”，乃至所说的戒、定、慧。这些都是专一来的，也都是修养的基本功夫。后来道家常用“精”、“一”两个字，不带宗教的色彩。“精”、“一”就是修道的境界，把自己的思想、情感这种“人心”，转化为“道心”；达到了精一的极点时，就可以体会到“道心”是什么，也就是天人合一之道。而这个“天”，是指形而上的本体与形而下的万有本能。

得了道以后，不能没有“用”。倘使得了道，只是两腿一盘，坐在那里打坐，纹风不动，那就是“惟坐惟腿”了。所以得道以后，还要起用，能够做人做事，而在做人做事上，就要“允执厥中”，取其中道。怎么样才算是“中道”呢？就是不着空不着有。这是一个大问题，在这里无法详细说明，只能做一个初步的简略介绍。

中国流传的道统文化，就是这十六字心传，尧传给舜，舜传给禹。后世所说的，尧、舜、禹、汤、文、武、周公、孔子，一直到孔子的学生曾子、孔子的孙子子思，再到孟子，都是走这个道统的路线。以后讲思想学说，也都是这一方面。但不要忘记，这个道统路线，与世界其他各国民族文化是不同的。中国道统，是人道与形而上的天道合一，叫做天人合一，是入世与出世的合一，政教的合一，不能分开。出世是内圣之道，入世是外用，能正心、诚意、修身、齐家、治国、平天下，有具体的事功贡献于社会人类，这就是圣人之用。所以上古的圣人伏羲、神农、黄帝，都是我们中华民族的共祖，他们一路下来，都是走的“内圣外王”之道。

到了周文王、武王以后，“内圣外王”分开了，内圣之道就是师道，是传道的人，外用之道走入了君道。其实中国政治哲学思想，君道应该是“作之君，作之师，作之亲”的；等于说君王同时是全民的领导人、也是教化之主，更是全民的大家长，所以说是政教合一的。

孟子曰：“尽其心者，知其性也。知其性，则知天矣。存其心，养其性，所以事天也。殀寿不贰，修身以俟之，所以立命也。”

尽心 动心 知性 忍性

《孟子》全书快研究完了，从前面各章的记载中，我们可以看得出来，孟子始终没有出来做官，没有担任职务；他是以师道自居，指导当时的诸侯们走上王道的政教合一之路，以达到人文文化的最高点。由于历史的演变，人心的堕落，无可奈何，使他的这个愿望落空了。不过他个人并没有落空，他的光芒永存于千秋万代，和其他的教主一样，永不衰竭。

现在最后一章，是他在讲完外用之道以后，讲传心的心法。孟子之所以成为圣人，因为他有传心的心法，因此，《尽心》这一章书，非常重要。这一章以《尽心》为篇名，是以全章第一句话作题目，正是扼要点明重点之所在。

他一开头就说："尽其心者，知其性也。知其性，则知天矣。"这几句话，就非常重要了，认真研究起来，十几年也不能研究完，也许一辈子都钻在其中了。

我们先从文字上研究，什么叫做"尽心"？大家平常都会讲的一句话：对这件事已"尽心"了；就是说，一件事情做完以后，成败是另一问题，而去做的人，心总算尽到了。也就是用了所有的精神、心思去做，"尽"就是到底了、到尽头了。依这个观念来解释孟子的话，就是我们把自心的作用，已反省观察到底，然后可以发现人性是什么了。

后来佛学进到中国，禅宗提倡的"明心见性"，也同这里的"尽心知性"的观念有关。佛学的《楞严经》所说的"七处征心"、"八还辨见"，把明心与见性，分为两个层次来解说。乃至玄奘法师所弘扬的唯识法相的最高成就"遣相证性"，也是把心与性分做两个层次。孟子生活的时代，佛法还没有进到中国，佛法正式进入中国，是在孟子之后八九百年到千年之间。所以孟子是在佛法进来以前，就已经提出来先要“尽其心”，把自己心的根源找出来，然后才可以“知其性”。这是“明心见性”这个词句的根源，能够“尽其心”“知其性”，就可以“知天”。“天”，不是老太太们说“上天保佑”的天，也不是太空科学所研究的那个天象的天，而是包括了形而上的本体与形而下的万有作用；也等于佛法所说整体法界的代号，学问之道就在这里。

在儒家的“尽心知性”学说中，孟子的修养工夫是“动心忍性”，这就是做人做事的修养。“尽心知性”也可以说是静定的境界，是整个修行的原则与工夫。例如遭受打击时，在修养中的人，能把受打击的痛苦和烦恼的心理摒除，这只是有一点修养，一点学问而已，还不算数；要把烦恼的心理净化了，不相干了，才算有一点修行工夫。在儒家来说，才算有一点学问修养的境界了。

什么是“动心”？遇到事故时，在动心起念之间所具有的定力、智慧，所到达的程度；“忍性”则是绝对的大定，借用佛学一个名词来说，就是“如来大定”。例如有一件事，碰到一个人太过分要求，自己恨不得一刀把他杀了，但该不该杀？可不可杀？能不能杀？这之间就看动心忍性的工夫了。他的行为该杀，但在我这方面，不该去杀他，他虽对我不起，但我要对他仁慈、要感化他；可是自己又无法感化他，这些都是动心忍性的真实工夫，并不只是空洞的理论而已。

所以前面孟子就说：“故天将降大任于斯人也，必先苦其心志，劳其筋骨，饿其体肤，空乏其身，行拂乱其所为，所以动心忍性，增益其所不能。”一个人要想修养到动心忍性，如果没有经过种种苦难的磨练，是做不到的。所以圣贤之学，不是轻易可以得来的。

青年人学佛修道，就想盘腿打坐，以为便能成道当圣人；那不是圣人而是“剩人”，剩下来多余的人，从人类中拣出来不要的人。连做一个普通的正人都很难够标准，何况成为那个“圣人”！因为我们在动心忍性之间，对于推己及人，仁民爱物，就像佛家所说的慈、悲、喜、舍，等等，而且不但要“仁民”——爱人、对人慈悲，还要爱一切万物，就像佛家的慈爱众生一样，是真正难做到的事。

动心忍性是道的用，道的体是“尽心知性”。后来佛法进入中国，叫做“明心见性”；到了汉朝以后儒道分家了，道家叫做“修心炼性”。性要锻炼，等于佛家禅宗所说的“就是这个”，得道是“这个”，跌倒是“这个”，爬起来也是“这个”。“这个”是什么？说是悟了，就像一块石头里面含有金子，也就是从金矿里挖出来的石头，里面可能有金子。可是几千亿万年，无数劫以来，金子被泥土裹住了，黄金和泥土混在一起，必须经过一番烈火的锻炼，才能把光亮的黄金从中取出来，而将泥土——这些习气，化为灰烬。所以道家说要“修心炼性”，先要修炼，在动心忍性或明心见性之间，不经过修炼是不行的。

儒家的修炼为“存心养性”，孟子这里说：“存其心，养其性，所以事天也”，存的是什么心？存一个仁心、善良之心，一个纯净无瑕，犹如万里青天无片云的天理之心。而养性，把人性原来善良的一面，加以培养、扩大、成长。所以后世儒家阐述，在起心动用上，要做到“亲亲，仁民，爱物”，这是儒家和佛家各自表述不同的要点。

佛法儒化　儒学佛化

儒家和佛家，在这方面，曾经发生过有趣的辩论。佛家指儒家这样行仁道是不错的，不过如果说想要成佛成道，还差一大截路。

可是儒家不接受这个说法，主张圣人做到了就是佛，佛也不过是圣人。双方遂发生了辩论，实际上只是着手的工夫不同。儒家说，你们佛家，动辄讲空，空到没有捉摸处，下不了手，用不上力，只知道空；又没有办法使人类世界达到空，于是丢下这个世界不管，出家去了。这种只为一己修道，六亲不认的做法，是不对的。

儒家又说，你们虽然讲究慈悲，可是实施慈悲的下手方法也错误了。我们儒家则不然，我们讲究仁，我们的慈悲有三部曲，是以“亲亲”为先，首先对自己的父母尽到了孝道，对自己的儿女慈悲。这些都做到了，再慈悲朋友的父母子女，“老吾老以及人之老，幼吾幼以及人之幼”。将慈悲的对象范围逐渐扩大到爱天下人，而成为“仁民”，视天下人都是自己的兄弟，都是同胞。这样推己及人的工夫都做到了，于是“民胞物与”。最后是“爱物”，爱世界一切万物，一步一步来。像你们这种慈悲，试问：假如释迦牟尼佛站在河边，孔子的母亲与他的母亲同时掉到河里去了，请问释迦牟尼先救谁？如果先将孔子的母亲救起来，那是不孝；如果先把自己的母亲救起来，照你们的说法，又是太不慈悲了，孔子的母亲也是母亲啊！

我们儒家的做法很简单，假如站在河边的是孔子，一定跳到河中，先救起自己的母亲，然后再返身跳下去，救起释迦牟尼的母亲。这是非常简单明了的事，也就是亲吾亲以及人之亲。

这一套理论，佛家就很难置辩了。除非说，佛有神通，不必自己跳下水去，两手向空中一抓，就同时把两个母亲救上来了。但是在儒家，先爱自己的父母，然后爱你的父母，你也爱我的父母，两人共同爱两人的父母，然后又共同爱第三人的父母，将这种爱，扩大、扩大、再扩大，于是扩大到仁民。所有人类都相亲相爱，最后爱物，不但爱一切动物，甚至草木土石都爱。像你们佛家所说的，是无比的大，一上来就是一个空，反而落空了。

不知道谁的道理对，所以我不喜欢高谈法理，如果做了法官，听听原告说的对，再听被告说的也不错，永远也判决不了，这就是各说各有理。但是我们要注意，在中国的历史上，历代的高僧，都是先走儒家的路子，然后在佛法方面才能够有所成就。即如近代的高僧印光法师，他的著作摆在我们眼前，文句多半出于儒家的精神，但他的教化则是佛家的，可以称之为“佛法儒化，儒学佛化”了。虚云老和尚也是如此，有儒道的底子，对儒家的学问也很透彻。再看明末佛家的四位大师：憨山、紫柏、莲池、藕益，他们对儒家的学说，也是很深入的。

现在回转来讨论孟子的原意。

孟子说的“尽其心者，知其性也”，“尽”是穷的意思，到头了，到了极点。佛法中有句诗："色穷穷尽尽穷穷，穷到源头穷也空。"这是我的老师袁焕仙先生所作的诗，色相是空的，对它研究再研究，穷究再穷究，参空了，色相都是空的。空了也不对，"穷到源头穷也空"，最后连空也丢掉了，说它空也好，不空也好，那就是真空妙有，妙有真空。这就说明了"尽其心"就是穷其心，自己思惟、思惟、再思惟，正思惟到极点，心相的本体穷到了尽头，就进到了空，然后见到了自性。见到了人性的自性以后，才见到了天性，就明白了形而上的性之体、形而下之用的本性。

这是孟子学问的中心。可见孔孟之道，不是随便的，因为中国文化，古代文字的表达，喜欢简练；外国的文字，喜欢分析、精详，一个字，一个意义，在事理的表达上、处理上，也是演绎的。中华民族有一个奇特的民族性，对于太繁细的文字，不大喜欢看，越简单越好，所以中国文字，在简练中有深意。前面孟子所说的"尽其心者，知其性也。知其性，则知天矣"，短短的十几个字，就包涵了许多重要的人生修养的最高原则。

他又说："存其心，养其性，所以事天也。"这两句话是讲修养工夫的作用。

"尽其心"，"知其性"，然后"知天"；而"存其心，养其性"是方法。要存什么心？儒家的方法是随时要存善念，所以后世的儒家说："去人欲，存天理"，这就是至善之念。在古代，读书人怎样去具体实施呢？从前有一种"功过格"，在一张纸上画许多格子，有的是三百六十格，一年用的，每天一格；也有一种是三十格，每月一张，一天一格；更有的是每天一张，上面有十二格，每个时辰一格。每天读完书以后，要静坐思过，有做错的事，用墨笔在格中点一个黑点；如果做了好事、善事，则用朱笔在格中点一个红点，这样天天反省。也有的是在口袋里放了红豆和黑豆，另外挂一个袋子，在书桌的旁边，如果做了一件坏事，或者动了一个坏念头，就投一颗黑豆子下去；如果做了一件好事，就投一颗红色豆子。这样一直反省到夏历十二月二十三，灶君上天向玉皇大帝报告这家人的善恶前夕，就要自己去数红黑点子或豆子。如果一年来，黑的多于红的，就要在灶君面前跪下来，自己照数责打自己，而且第二年将是良心上不安的一年。这种反省工夫，做得非常严格，绝对不敢欺人或自欺，更不敢欺骗上天的神明。

所以“存其心”，就是每在起心动念、动心忍性之间，慢慢要做到善念的存心多。所谓“善则养心”，因为人在做了一件好事以后，心里会很快乐，比做坏事害别人痛快得多，这就是“善则养心”的道理。“养其性”这个“性”，是习气之性，养性就是把坏的习气，慢慢变过来，变好了，变净洁了。这种学问之道的修养，是“事天”的，侍奉天的。这个“天”是内在的天性，如信佛的人，也可以说是事佛天；信道教的人，可以说事道天，或者上天也可以，反正有这样一个代名词，代表一个看不见的无形力量。

现在讲“心性”是两层东西，还有一样是“命”，这就厉害了，孟子说“殀寿不贰，修身以俟之，所以立命也”。

“殀”是短命而死，“寿”是活得长命。后世有一个界限，凡是未满六十岁而死的，都称“殀”，在讣文上，说到他的年龄时，只能说享“年”若干；满了六十岁以后死亡，才能称寿，说享“寿”多少年。

孟子这里是说，一个人生下来，要想成为一个真正完整的人，在人生的学问修养上，随时都要存心养性，而对寿命的长或短，应无所喜恶。纵然今日修这个道，做这种修养，明天就会死亡，也照样继续修下去，对生死问题，毫不考虑。正如孔子说的“朝闻道，夕死可矣”，今天早晨懂了这个道，晚上死掉也可以；假如说修道而长寿，修养越高，寿命越长，也可以。所以，“殀”也好，“寿”也好，要能生死无忧，就了却了生死。这是惟一的不二法门，人生只有一条道路，生死不要被“殀”“寿”的观念所困，非常豁达。真正的寿命，不是这个血肉之躯活得长短的问题，是有没有明心见性的问题。明心见性了，就算明日死亡，也是不朽的；不明心见性，活千年也是白活。有人信其他宗教，或者信佛念佛几十年，当他躺在病床上快死的时候，叫他放心抛开生死，安心祈祷或念佛，他却说现在祈祷上帝也不灵了，佛也念不起来了。这就是因为没有明心见性，弄错了信仰上帝、信佛菩萨的真理。信上帝、信佛，并不是求此一血肉之躯的不死，而是要“修身以俟之”，是在明心见性以后，临终放弃此血肉之躯，安然而去，这就是“立命”。

孟子教修身

以上三段，“尽心”、“知性”、“知天”是见地；“存心”、“养性”、“事天”是工夫；最后的“殀寿不贰，修身以俟之，所以立命也”则是行愿。工夫达到了，生死已了，对于是殀是寿都无所谓了。

但是要注意，想要存心养性，必须“修身”。要注意这个“身”字；换言之，所谓“身”，就是由这个身体、五官、四肢、意识所表达出来的思想观念与言语行为。至于怎样“修身”，这里他说“修身以俟之”，俟就是等待。等待什么？等待那个命数，长寿也好，短寿也好，生也无所谓，死也无所谓。了知生死不相关，我只是把我自己的言语举止，思想行为，时时处处事事都在道中，这样建立了正命，等待自己命数尽头的日子随时到来。

如果把道家、佛家的见地、工夫、行愿等修养方法，套上孟子上面这一段话，是可以写一部专书的。

至于“命”，佛家不大管“命”的问题，佛家只管“正命”而活，不准自杀；自杀是非正命而亡，为戒律所不许，所以要正命而死。这和儒家一样，要自然地命尽而死，自杀是犯戒的，也是罪过的。如何去修养正命呢？后世道家就有性命双修之说，到了宋代以后，道家与佛家，就因此而在修持方法上起了争论。道家讲“性命双修”一派的人，认为中国唐朝以后信其他宗教的人，只修性不修命，因此说：“只修命，不修性，此是修行第一病；但修祖性不修丹，万劫阴灵难入圣。”这就是说，只修命不修性是不能成功的，但是只修性不修命的话，即使修亿万年，也不能得正果，所以性与命双修才行。

佛家不承认这个说法，因为成道以后，证得菩提，是不生不灭，此命长存。这个命不是肉体的命，比肉体的命更伟大，那是儒家道家所说的“天命”，也就是两家所共同承认，不生不灭的本体之性，所以叫做命。而所说性命双修的这个命，就是这个又称做“丹”的命，是肉体之命，乃孟子所说的“修身以俟之”的“身”，为“身命”，后世又称为“生命”。你这个身，是肉身，可以“殀寿不贰”，而我们不生不死的身，为变化身，因此有法身、化身、报身的三身之说。

严格地说，形而上的最高哲学的性命之理，儒、道两家是无法与佛家争辩的，佛家分析精详，归纳的结论也绝对是对的。而形而下的“修身以俟之”，乃至于起用，入世与出世的大乘精神，佛家不一定可以与儒、道两家比。因为佛家空旷、空阔，看起来吓人得大，盖下来昏头昏脑，行起来不着边际，真是法海无边，回头是岸。岸在哪里？照儒家的说法，法海无边，回头即在最近处，抓住一块木板，慢慢漂流，终必靠岸的。所以他先抓住这个命，再找回到大命，那就不是这个肉体了。后世的道家与佛家的密宗修法，都是以这个肉体去修的。在这方面讨论起来，又是一本大著作了。

孟子曰：“莫非命也，顺受其正。是故，知命者不立乎岩墙之下。尽其道而死者，正命也；桎梏死者，非正命也。”

这里孟子所说的“正命”，又与后世道家所说“性命双修”的“命”有所不同，而接近佛家大乘菩萨道的戒律。他说：“莫非命也，顺受其正。”这是孟子在说明一切人的生命存在，生来自有固定的因缘。这也是大家困惑所要追问的问题。既然现有的生命，早已是命中注定，那又何必需要努力修为呢？这不是宿命论吗？其实一般人所谓的宿命论，是认为自己的命运，被另外有个主宰已经定好了，无法改变。其实，这里孟子所说的命，不是他力所定的宿命论。《诗经·大雅·文王》早有“永言配命，自求多福”的古训，由此可见我们的传统文化，素来都不是迷信宿命论的，而是要人人自求多福的。

这恰恰如同佛家所说的命，并非另外有个主宰，早早为你定构一生命运的模式。佛家所谓现有的命与过去、未来的因果关系，都是唯心自造，既非因缘也非自然，其中奥妙，一般人实在很难理解。所以佛家有几句名言：

欲知前生事　今生受者是
欲知来生事　今生作者是

今生我们所受到的一切，都是前生的业力习性带来，很难改变；若问来生如何，就看今生做了些什么。在佛家的唯识学中，生命中带来的过去的业力，名为种子，“种子起现行”，由种子发起现在的行为；“现行熏种子”，由现在一生行为的结果，又成了未来的种子。所谓“种瓜得瓜，种豆得豆”，这就是三世因缘生法的道理，是佛法的透彻之处，真是天衣无缝。我的理解也许还不到家，但我研究各宗教的哲学，都没有办法超越因缘所生法的原则。

但是，孟子所说的，只是现行的命，想要将我们这个现行的命改变，是可以做到的，不过必须行大善、至善，做到去恶为善，止于至善。这谈何容易啊？有的人在某件事情上，虽然出了钱或出了力，但那是做给别人看的，不是真正行善；真正的行善，是不为人知的，也不一定能得到别人的了解，可能还被他人毁谤辱骂。对于这种情况，学佛的人就会想到《金刚经》上的话："是人先世罪业，应堕恶道，以今世人轻贱故，先世罪业，即为消灭。"就是说自我反省观察过去生所造的恶业，到这生余业未了，虽做好事，仍然得不到别人的首肯与赞赏。所以反而要感谢那些责骂、毁谤自己的人，因为他们的责骂与毁谤，使你的余业果报早些消除了断。

另有人怀疑，一件好事未做的人，还做了若干坏事，却生活得那么富裕康乐，这又是什么道理？司马迁在《伯夷列传》中，也曾提出一个疑点："天之报施善人，其何如哉？"又说："余甚惑焉，傥所谓天道，是邪？非邪？"不过他写这篇文章，对这类的困惑不作答案，只提一个问题，让读他文章的人自己去思索。

佛家的答复很简单：某人现世是坏人，但他之所以有如此好的境遇，是因为他前生善业所得的善报还没有完；他现生所做的坏事，等到恶贯满盈时自会结算。在我个人的人生经验，佛法说的是对的，我看到许多人一生的经历，报应非常快，好像比计算机计算还要快。其实许多人就是现世报，但是受报的人自己并不明白。所以中国社会，普通流行的有四句话："善有善报，恶有恶报，不是不报，日子未到。"这是大家都爱说的。

什么是正命

孟子这里所讲的是现世之命，一切都是命定，但我们要不怨天不尤人，“顺受其正”，就是正命地活着。世界上每个人对现实的人生，都是不满意的，当遭遇不好时，或者怨天或者尤人。孔子曾说过，人应该不怨天不尤人，这是最难做到的学问修养，有时明明自己错了而不知道，或反省不出来，于是就怨天尤人。信宗教的人也会说，我再也不信上帝，或者不信菩萨了。其实讲这样的话，已经是最大的怨天尤人了，因为在他心理上是认为自己没有错，错在上帝、菩萨或他人。再不然，正如现在报纸上说的，我没有错，这是社会问题，是社会的错。试问社会是谁的？社会只是一个名词，是人群结合在一起的大众，叫做社会。换言之，社会即是人群，自己也是社会的一份子呀！明明是自己个人的错，为什么推过给社会人群呢？

再说，怨天尤人就是迁怒。孔子说颜回的修养最高，“不迁怒，不二过”，他错了没有怪到别人身上。有人只是小的迁怒，例如有人正在生气的时候，别人有事找他，他就骂这人一顿，这也是很明显迁怒的一种形态。可是一般人反省不到，迁怒的结果往往会坏了大事，害己害人。有的夫妇之间，并无大的纠葛，然因迁怒而闹成反目成仇，竟而成为生离死别的悲剧。

其实人性都是善良的，做错了事，立刻会脸红一下，但不到两秒钟，就认为不是自己的错，错的都归之于他人。认为如果不是别人如何如何，自己就不会这样错，归根结底，总认为是别人的错。人就是这样既不会反省，又常会迁怒他人。真正的修养，在动心忍性之间，能够确实检查出自己的错误，然后“顺受其正”，所受的一切遭遇，不怨天不尤人，不迁怒不二过，这就是正命地活着，也就是佛法所说的八正道（正见、正思惟、正语、正业、正命、正精进、正念、正定）中的正命。

讲到这里，我忽然想到宋代名儒朱敦儒这两首《西江月》的词，非常豁达，非常自在，和孟子“莫非命也，顺受其正”，很有关联。这是文学中的哲学，大家不妨记住，碰到烦恼的时候，朗诵一番，比求神拜佛的祈祷，或道家、密宗的符咒，更有妙处。

世事短如春梦　人情薄似秋云
不须计较苦劳心　万事原来有命
幸遇三杯酒好　况逢一朵花新
片时欢笑且相亲　明日阴晴未定

日日深杯酒满　朝朝小圃花开
自歌自舞自开怀　且喜无拘无碍
青史几番春梦　红尘多少奇才
不须计较苦安排　领取而今现在

孟子说：“是故知命者，不立乎岩墙之下。”真知道正命而活的人，不会站在岩墙下面。这句话的意思，扩而大之是说明，知道是过分危险的地方，尽可能不去；过分危险的事情，尽可能不做；绝不故意斗狠逞强，去冒可能有意外丧命的风险。

但有一点，当国家民族有难，如果自己的牺牲，可以挽救国家民族的危亡，拯救许多生灵，那就毫不犹豫毅然而去牺牲。这也是正命，是圣贤菩萨的用心，如文天祥、岳飞就是。但是不必要的危险，则不必去冒。年轻人喜欢做不必要的冒险性嬉游，就是“非正命而玩”。有一个人在花莲奇莱山堕岩死了，另有一人很不服气，说那个人差劲没出息，他也逞能去爬，结果也爬得不见踪影了。这种非正命而玩，就成了非正命而亡。

所以“尽其道而死者，正命也”，人生的责任尽到了，做完了，一切尽心了，寿命到了，顺其自然就去了，这是“正命”。因好勇、斗狠、赌气而死的，就是非“正命”而死。所以为国家民族而死于战场的，是“正命”，在中国历史上认为，那是为正义而亡。聪明正直者死而为神，这神并不是由什么皇帝封的，而是当时以及后世千秋万代，共同所敬仰的。

中华民族对于“正命”而亡者，有如此尊重！所以信奉宗教的人可以注意。“正命”也就是在儒家的《孝经》中引用孔子说的话：“身体发肤，受之父母，不可损伤。”其实，儒、佛两家的精神是一样的，佛家说，人若无故损伤自己的身体，在自己身上割一刀，那就如同出佛身上的血一样，就是犯了菩萨戒。因为每人都是佛的身体，如果有一天悟道了，就成肉身佛，所以不可以随便糟蹋自己的身体。宋儒陆象山曾说过几句话，大意是“东方有圣人，西方有圣人，此心同，此理同”。真理只有一个，中国是这样说，印度是那样说，大家都是父母所生的血肉之躯，只是言语文字表达的不同而已。

孟子的性命之说，暂时到此为止，和佛家性命之说的思想，非常接近，几乎是一样；如果认为和道家所说的不同，那可并不尽然。下面再看。

你想得乐吗

孟子曰："求则得之，舍则失之，是求有益于得也，求在我者也。求之有道，得之有命，是求无益于得也，求在外者也。"

孟子曰："万物皆备于我矣。反身而诚，乐莫大焉。强恕而行，求仁莫近焉。"

这一段是孟子对于"穷理尽性以至于命"的性命之理，所作的阐释。这是真学问、真修养，讲如何做工夫。

"求则得之"，当然最初要自己立志（发心）求道，道就在自己本身，诚心去求，就可以成道。"舍则失之"，如果不立志发心去求，就无道可得了。"求在我者也"，因为道是向自己内求的，只要活着就有命，有命当然就有灵性的存在，会思想，有感觉，就有心。有心、有性、又有命在，那么一切性命之理的大道就在自己这里，不必外求。

佛家主张无我，是不要另起一个妄心之我，而求真我。所以小乘的基本理论，讲的是苦、空、无常、无我；而释迦牟尼佛涅槃的时候，又翻转来讲了四个字："常乐我净。"他刚生下来时，一手指天，一手指地说："天上天下，唯我独尊。”这就指明了人人自性本来有个天真的我，但这个我，不是另起妄念的我。佛在人世间几十年，在他将涅槃的时候，问他证得了什么，他说我已经证得本自寂灭“常乐我净”，那个天真的自我找到了。所以孟子也说“求在我者也”，等于同一道理。

孟子又说：“求之有道，得之有命。”求道是有方法的，但是想要得到这个道，则“有命”，要有正命，非正命不行。有的人修道，拼命注重任督二脉、奇经八脉的打通，结果往往不是高血压而死，就是得了或轻或重的神经分裂症。因为“是求无益于得也，求在外者也”，像这样的“向外驰求”，是没有益处的，不是穷理尽性的“内明”，只是把生理反应的境界、工夫，当做是道，没有找到真我，所以不能成道。其实那些感受并非坏事，那只是身体气脉变化的境界而已，境界是会变化的，是无常的。

所以孟子告诉我们“万物皆备于我矣”，人现在活着的自身，就和宇宙的功能一样，没有一点缺损。活着性命的本身，具备了下地狱的种性，也具备了上天堂的种性，更具备了成佛成圣人的本性，当然也具备了成畜牲的性能。孟子“万物皆备于我”这句话，相当严重，佛法也如此说，只是将“我”字换成“如来藏”，含藏了一切种性的功能，别名“真如自性”。

现在孟子告诉我们，求道怎么求，“万物皆备于我”，一切都在我自己这里，所以要向内自求。庄子也有“与天地同根，万物一体”的概念，如何求法呢？只要“反身而诚”就到了。不过要注意，他不是说反心，不是佛法中说的观心，也不是看念头。“反身”，反哪一个身？怎么反？瑜珈术有倒立莲，头顶在地面，脚向上直伸，这不是孟子说的反身，那还是向外求；所谓“反身”，是要找出自己的真身本体来。孟子“万物皆备于我”这句话，在佛家的《心经》也说了，就是“不生不灭，不垢不净，不增不减”的道理。平常我们把这个肉体的现存之身，看得很重要，因为它是表达生命存在的一个重要工具；如果没有这个工具，则在世间的应用上，这个存在的生命，是无法表达出来的。

但是我们仍然要去找到那个真身本体，那个永远存在的生命，把那个重要的东西找到而常存不变，这就是孔孟之道所讲的“诚”，那就“乐莫大焉”了，身心内外，充满了快乐。我们看到许多修道的人，面有菜色，或愁容满面，或一脸怨恨，或神秘兮兮，这都是非道。如果是“反身而诚”的，绝不是这种样子，而是慈、悲、喜、舍的形象，就像是“弥勒佛”一样，笑口常开，充满了喜乐，逗人们开心。他笑些什么？有一副对联说得好，“大肚能容，容天下难容之事；开口常笑，笑世间可笑之人”，这就是“乐莫大焉”的样子。

从前大寺庙的建筑，就是一个话头，具有深奥的含义。一到山门口，就看到哼、哈二将，一左一右，一个是鼻子哼气，一个是张嘴哈气，表示进入此门是呼吸间的事，要注意，呼吸是很重要的。再进内是四天王殿，两边是四大天王，又称四大金刚，一个手中弹琵琶，听声音，就是声闻；一个手执雨伞，发慈悲心，遮覆天下人；一个手拿宝剑，斩断一切情丝烦恼；一个用手执蛇（绳索），降伏群魔。这四大金刚的形象，就是告诉人们修养身心的方法，同时也代表了见、闻、觉、知的作用，所以着手用功的人，都没有离开见、闻、觉、知四个重点的转化。

天王殿中央供奉的是中国式的弥勒佛，转过来背面供着的是韦驮菩萨。这位护法天神站在那里，端庄、正直，手持降魔杵，有英雄大丈夫的气魄。如果是双手“合十”，作问讯状，降魔杵横搁在两手的臂弯处，这个寺庙便是“十方大丛林”，游方和尚可以在那里挂单；如果两掌压住降魔杵头，植地而立，则是“子孙丛林”，不大接待外来的游方和尚。据说韦驮菩萨本来是站在山门外的，因为他的职责是护法，出家和尚或在家学佛的人，有犯戒不对的，他看不下去，举起棍子就把人打死了。由于佛慈悲不忍，故而叫他对面而立，这叫做“不看僧面，看佛面”，所以后来韦驮菩萨是面对着佛。

再进去到了大雄宝殿，就是佛祖释迦牟尼的三身——法身、报身、化身，左边是迦叶，右面是阿难，两旁有十八罗汉。有的大丛林专门供有罗汉堂，五百尊罗汉形貌完全不同。大殿后面是大慈大悲观音菩萨，就是入世行善，救苦救难，不求人知。这样的寺庙，就等于说明了全部的佛法。

这些道理，都在“反身而诚”一句语义之中，做到“反身而诚”，就发乐了。例如修止、修观、修定、修慧，都要“反身而诚”。又如修不净观、白骨观，以及安那般那（观出入息），也都是“反身而诚”的修法，工夫到了“乐莫大焉”，可以发暖得乐。读了孟子的这些话，也可见儒家亚圣的孟子，的确不同凡响，是有实际修养工夫的。

讲到行为，做工夫，行慈悲，要“强恕而行，求仁莫近焉”，就是要勉强自己去做。人最会原谅自己，例如说修止静（打坐）的工夫，一天最好多坐几次，自己却会说忙得很，没有时间。所谓忙，只是这么说说而已，并不是真忙；其实是怕坐久了一身酸痛。这就要“强”迫一下，勉强自己去修正，对待自己不好的习性，不可太过放任，要带一点强迫性来自我转变。“恕”就是做人做事的时候，对别人要仁慈、宽大，饶恕别人，这是行愿的基本。换言之，“强恕”的两个要点，就是“严以律己，宽以待人”。

如果这样做去，“求仁莫近焉”，仁的境界就来了。仁是儒家所用的一个代名词，也就是佛家所说的“此心活泼泼的，空灵的，本来无一物的”那种境界。

谁有惭愧心

孟子曰：“行之而不着焉，习矣而不察焉，终身由之而不知其道者，众也。”

孟子曰：“人不可以无耻；无耻之耻，无耻矣。”

孟子曰：“耻之于人大矣。为机变之巧者，无所用耻焉。不耻不若人，何若人有？”

孟子又说：“行之而不着焉”，大家的生命，本来都在道中，“习矣而不察焉”，因为被行为习惯所蒙蔽了，自己不知道，也就是《周易》所说的“百姓日用而不知”，我们天天在道中行，不知“道”在哪里。试想想看，我们能不能知道，早晨一醒来的第一个念头是什么？无从自知。念头从哪里来？往哪里去？都不知道。可是每天的言行举止，念头都在喜、怒、哀、乐的情绪中搅扰，所以就不知道自己“心性”本来清净的真相了。大家被无始以来的习气所左右，烦恼就来了，可怜得很。因此“终身由之而不知，众也”，所以一个人的生命本身有道，但没有反省自修，反而迷心逐物，向外驰求，这样就叫做平常人，也叫做凡夫、众生。

从这里我们看到，如果不这样深入去研究，而又随意批评孔孟只是教条，那只能说是自己没有彻底了解其中的内涵罢了。

上面这几段，如引各家的学说，来作详细的阐述，可以写成一部有关性命之学几百万言的专书了。但“记问之学，不足为人师”，因为记问不是学问，只是知识的传播而已。例如韩愈所说的师道，是“传道、授业、解惑”，那就比较接近人师的榜样了。所谓“授业”，也不是传授技艺之业，而是立德、立命的基业。《孟子》中的这一段，内容广泛得很，为真学问之所在，我只是扼要地提出来一点点，大家须要再做深入的研究。

孟子接着说的，还是修养的道理。

孟子说“人不可以无耻”，这“无耻”两个字，在现代人的观念中，好像变成一句骂人的话，不大好听，不容易被人们接受。所谓“耻”，换一个名词来说，就是惭愧心。我们常常会对人说：惭愧！惭愧！这就是“耻”，就是知耻；那件使你惭愧的事，往往是无耻之事。如果做人做事，不知随时随地反省检查自己过错的话，德行是不会有所进步的。如果能时时自我反省，发现自己的过错，那么这一天活着的生命，就是有耻，就是有惭愧心。假使犯了过错，不但不自我反省，反而自我辩护认为没有错，甚至推过于别人，那是“无耻之耻”，那就真正叫做“无耻矣”，也就是根本无惭无愧了。

孟子再说：“耻之于人大矣”，有惭有愧之心，是平常进德修业最大的关键。佛家学说也是如此，认为惭与愧，是人生修养非常重要的善行。“为机变之巧者，无所用耻焉”，有些人，非常聪明伶俐，做错了事，自己运用机心，很巧妙地为自己辩护，肯定自己没有错，这一类“机变之巧”的人，就是用心极不诚实，非常狡滑的人。“惭愧”两个字，对这种人根本用不上了。

孟子又说：“不耻不若人，何若人有。”简单地来解释这句话，就是当你不如人的时候，假如自己还没有惭愧心，那你怎么能够做到和人家一样呢？人都有好胜上进的心理，看见别人比自己好，却困于自己的坏习惯，只是自卑，不肯自求进步。其实，不必怕不如人，只要发一个惭愧、有耻之心，自己努力，别人也许十天就能做到，自己百日、千日总可到达与别人同样的程度吧，甚至超越。可是一般人，往往不会自我承认无耻，反而容易犯一个自卑感的毛病。例如看见同学有很高的成就，就不敢去看这个同学。其实深刻进一步来说，能够有自卑感，已经是有知耻的动机，但是必须要拿出勇气，不要被自己的自卑感淹没，更要奋发向上进德修业。所谓“知耻近乎勇”，“过而能改，善莫大焉”，做人做事要这样，修养心性更要如此。

孟子曰："古之贤王，好善而忘势；古之贤士，何独不然！乐其道而忘人之势。故王公不致敬尽礼，则不得亟见之；见且由不得亟，而况得而臣之乎！"

贤君贤士最平凡

孟子说，古代的贤王、圣明之君，都是好善的，对于国家的决策，只注意如何有利于国家、天下、社会、人民；自己虽为一国的领袖，且有绝对的权力，可是他忘记自己的权力。换言之，他只着眼于社会大众的利益，不去考虑如何增加自己的权力。在制定政策时，只要是对国家社会，对老百姓有利益的，就下定决心去做，并不考虑这个决策是否损害自己的权势，更不是以增加自己的权力为出发点。同样地，一个领导人，甚至一个普通人，也都应该有这种精神。但是，人很难做到这一点。

例如一个人很有学问，但往往会自认是饱学之士，看不起别人。其实应该忘了自己"有学问"这回事，在街上看见一个推车的、挑菜的，也要谦虚，想到自己还有向他们学习的地方。可是，一般人连穿一件新衣服都忘不了，走在街上，要多拉几次衣服，似乎怕别人不知道；如果有人赞美他的衣服，他更会沾沾自喜。所以忘了自己所拥有的，是很难做到的。如果有权力而能够忘掉，就是保持了一分天真、善良与仁慈的童心。这是古代内圣外王的基础，是中国文化个人基本修养的本份。

所以大家要特别注意，这句话听起来容易，做起来很难。乃至于出家当和尚的，本来很平凡，慢慢被人尊称"师父”，再被尊称“大法师”或“上师”，这样对他三叫两叫，他便自以为是活佛了。一般人除夕过年的时候，口袋里多了一些钱，自己就会“抖擞”——炫耀、自满、自傲——起来，这就是不能“忘钱”。在古代的圣王之中，能有“好善而忘势”的精神，是值得后人效法的。

孟子说，上古有德行的读书人，也能做到这样，自己有权势，忘记自己的权势；自己没有权势，则忘记别人的权势，这也不容易。但是，忘记别人的权势，并不是傲慢的态度。如果心中有傲慢，认为你越有钱有势，我越不睬你，这非但不是忘记，反而表示注重对方的权势。这就是我慢，觉得自己比那些有钱有权势的人更伟大。如果此心平等，安贫乐道，就会把一切人都看得平常，不论别人有钱有势或无钱无势，总归都是人，以平等心对待，既不傲慢，也不特别轻视或尊重，人与人之间，应该有的礼貌，应如何便如何。如果认为对方有权势地位财富，自己故意“以贫贱骄人”，不予理睬，而表示自己清高、了不起，这就已经错了，“起不了”啦！这只是自卑感在作祟而已。

孟子说：“古之贤士，何独不然。”古代有修养的知识分子也是一样，只问人家有没有道德，不问人家有没有地位、权势，忘记了对方的权势。所以古代称赞高士们“天子不能臣，诸侯不能友”的美德，因为他心境平淡，忘记了这些权势地位。例如宋朝的杨朴，始终不肯出来做官，宋真宗仰慕他的名，几次要他出来，他都不肯。最后宋真宗派人到他家里坐候，他没有办法，只好到京城里去见皇帝。宋真宗对他说：现在终于把你请来了，你是喜欢作诗的，而且诗作得很好，一路上一定有不少好诗了。杨朴说：我在路上没有作诗。宋真宗说：那么你离家的时候，你的朋友们一定作了许多好诗，为你送行吧！他说，朋友们也没有诗，只有我内人（太太）作了一首诗送我。宋真宗说，那你太太的诗怎么说呢？杨朴就念出来他太太的诗：

更休落魄耽杯酒　且莫猖狂爱咏诗
今日捉将官里去　这回断送老头皮

宋真宗听了这首诗，哈哈大笑，因此送了他很多礼物，放他回去，表示再不叫他做官了。实际上，谁知道他是不是假太太之名，表明自己的态度呢？宋代历史上，这类的高士也不少。

再说孟子说的这类高士，并不是傲慢，也不是看不起政府，他只是不需要攀附权贵而已。例如宋代的邵康节，上通天文，下知地理，像他这样有大学问的人，欧阳修、司马光这帮好友，曾多次请他出来做官；他说，在政治上有你们出来，就已经很好了，我的身体又弱，不要为我添麻烦，让我在家里安享余年，能活几岁，就活几年吧。老朋友无论怎样邀请，他都不肯出来。

所以孟子说："故王公不致敬尽礼，则不得亟见之"，因此诸侯、大臣，地位最高的人，如果对于一个有修养的知识分子，没有恭敬心，礼貌上稍有不周，不能完全尽到礼的话，纵然想马上见他，也是无法见到的。"见且由不得亟，而况得而臣之乎"，连见一面也办不到，何况想请他来做僚属！更做不到了。

这一段放在“知耻”之后，有它的道理在。因为这一段所说的，也就是人格修养上的“知耻”，一个人要知道自己在时代环境中的分量。有时候，学问固然好，才能固然强，但自己要知道，自己的学问本事，其实只有一二两重。就像俗话所说的“贵州驴子三脚踢”——贵州的驴子容易发怒，但等它踢了三脚以后，就没有其他本事了，所以成语说“黔驴技穷”，只有三拳两脚的本事。

又如现在年轻人看别人的文章，认为也没有什么了不起，事实上也真没有什么了不起；可是由自己来写，苦写三天也写不出来。有些人看似满肚子学问，办个刊物，写上一年，学问也就写完了。要知道，学问的补充很难，成本很大，说不定读了一年书，两篇文章就写光了。不要以为自己本事大，所以人要能知耻。“知耻”不一定要含羞，而是要知道自己的分量，不要做出超越自己分量的事来；假如自己做了超越分量的事，就必定招来耻辱。例如举重的选手，自己只能举起九十公斤，偏要去参加举一百公斤的比赛，结果不但得不到冠军的荣誉，反而招来失败的耻辱。这种太过超越自己能力的行为，就是不知耻的结果。有时候，人狂起来就忘了自己在哪里，像一些学佛的青年，“未得谓得，未悟言悟”，自认为开悟了，就了不起了，那是“开误”了。一个真正开悟的人，多么平淡！多么谦虚！开悟并没有什么了不起，可是有人恨不得在头上写个“悟”字，那是迷之又迷了。

因此孟子在这里说到，古代的贤君、贤士，始终觉得自己很平凡，所以面对势利，不感到势利；面对贫贱，不感到贫贱，因此能够独立而不倚。

孟子谓宋勾践曰："子好游乎？吾语子游。人知之亦嚣嚣，人不知亦嚣嚣。"

曰："何如斯可以嚣嚣矣？"

曰："尊德乐义，则可以嚣嚣矣。故士穷不失义，达不离道。穷不失义，故士得己焉；达不离道，故民不失望焉。古之人，得志，泽加于民；不得志，修身见于世。穷则独善其身，达则兼善天下。"

先穷后达的那个人

"宋勾践"这个人，姓宋名勾践，与越王勾践同名。

孟子对他说"子好游乎"，等于庄子所说的"逍遥游"，也就是说"游戏人间"的意思。人生本来是一场戏，世界是一个大舞台，看谁唱得好。但千万不要忘记，自己终究是一个演员，唱完退到后台，我还是我。这个原则，一定要把握住，在演的时候，哭要真哭，与剧中人合而为一，进入状态；演张三时自己就是张三，演李四时自己就是李四，人生本来就是戏。孟子提出的"好游"，就是如此而已。

"嚣"字常常被连在"张"字上面，成为"嚣张"一词，就是哗啦哗啦的意思。但是"嚣嚣"二字叠用，就变成了潇洒，是文雅的，但比潇洒的态度，稍稍粗一点，有少许兴奋的意味，海阔天空，满不在乎的。但满不在乎，不是乱来，也不是麻木。

孟子对宋勾践说，你好玩，我告诉你关于玩的道理。有人了解你，你要满不在乎；没有人了解你，也要满不在乎，你还是你，那就是你的本色。

宋勾践听后问道：你这个道理讲得对，但要怎样才可以“嚣嚣”——满不在乎呢？

孟子说，一个人活在这世间，如果自己身心不健全，“百年三万六千日，不在愁中即病中”，叫他“嚣嚣”，也潇洒不起来。再说真有德性修养的人，自有高尚品德的自尊心，能“尊德”，所作所为，都能够好善、反省，能“心不负人，面无惭色”，胸襟开朗，对得起天地鬼神。这就是“尊德乐义”，这样才可以“嚣嚣矣”，才可以真的逍遥自在了！

因此孟子说了两个要点：“穷不失义，达不离道”，一个真正有学养的人，尽管一辈子不得意，但不离开自己的人生本位，义理所当为则为，就是所谓的“穷不失义”。

宋朝了不起的名儒范仲淹，在他《岳阳楼记》中说：“先天下之忧而忧，后天下之乐而乐”，这是脍炙人口的名句，流传万古。后世青年，有人把这两句作为读书做人的目的，且以济世救人为己任。就他的这两句话而言，已经属于“立言”的大事了。

大家都知道，范仲淹出将入相，不过宋代儒家的理学，可以说都是由他一手振兴起来的，许多大儒，也是由他敬重培养成就的。他当年在西北镇守边疆，张载（横渠）年轻时，去西北投军。范仲淹看见他一表人才，相貌堂堂，对他说：你前来投军，报效国家，这是对的；在我，有你这样的青年来投效，我当然欢迎，不过报国的途径很多，你有更好的前途，可以去努力，何必应募来当兵呢？张横渠还是一腔热血，慷慨激昂，说了一番道理。范仲淹说：年轻人先沉住气，我送你一点路费、一本《中庸》，回去把这本书读好以后，再来找我吧。张横渠听了他的话，就回去读书，后来果然成为一代大儒。

张横渠读书成就以后，有四句名言说："为天地立心，为生民立命，为往圣继绝学，为万世开太平。"这是自宋代以来，为历代读书做学问的知识分子所备加尊奉的。其实张载这四句名言，与范仲淹所说的"先天下之忧而忧，后天下之乐而乐"，互相呼应，相得益彰。也可以说，他之所以读书成就，成为名震一时的关西大儒，其中受范仲淹的影响，最为深远。

除张载之外，当时由范仲淹培养出来的人才不少，如宋代名相寇准、文彦博等人的成就，都与他有密切关联。再如宋初山东的名儒孙复，也是范仲淹无意中推崇出来的。

范仲淹初期，是任知府，拿现在体制来比较，是省之下、县之上，相当于抗战前后的行政督察专员。当时孙复非常穷困，带了一封介绍信去见他。范仲淹见他是一个有品德的读书人，问起他有什么事需要帮忙，孙复说起生活困难，范仲淹即送他一年的生活费用和回家的旅费。

范仲淹这类的事做得很多，做过了也就不会计较于心。第二年孙复又去找他，范仲淹想起他曾经来过，觉得这个人，怎么老远地来打秋风，就对他说：你怎么不在家好好读书？他说生活没办法，而且还欠了债。范仲淹说，你这么遥远地跑来跑去也不是办法，这样好了，我写封信给你家乡的县长，请他帮忙你，我也负担一部分。这样才彻底解决他的问题。

不到十年，全国传闻，泰山下有一个姓孙的学者，学问道德非常之好。范仲淹听到这个传闻，就找他来见面，发现原来是自己帮忙过的那个读书人。后来范仲淹在笔记中感叹地写道：人最怕的是穷，当处身于极度穷困之中时，如果没有人伸手扶一下，就要过不去了；如果有人在此时，纵然是无意中伸出援手扶他一把，让他渡过难关，他就可能成为英雄、豪杰乃至圣贤。他说，平心而论，对孙复的帮忙，只是无意间的事，不像是对张横渠有心培养，但却培养了这样一个大儒，所以心里非常高兴。

其实，范仲淹自己就是孤儿出身，幼年时父亲去世，母亲被贫穷所逼，只好带了他改嫁朱家。他也改姓朱，单名叫说。当然，这种日子不好过，他在稍稍长大后，就拜别母亲和朱家，住到庙里读书。每天煮稀饭后再让稀饭结冻，划成三块，度过一天三餐的日子，勉强解饥。考中功名以后，才复姓归宗，最后出将入相。因为他知道民间的疾苦，生活的艰难，所以我们现代的助学制度，他在那个时候已经创办了。他当了大官以后，赚的钱，买了许多田地，收入所得，自己完全不要，用来兴办义学，帮助清寒子弟读书。并在每个县里，兴办义仓，积存余粮，遇到荒年，开仓放赈。这些社会福利的善举，都是他创导的。

他一生为官，从来不摆官架子，后来并把母亲接回来奉养。他的四个儿子纯佑、纯仁、纯礼、纯粹和侄子纯诚，后来都做了大官，都是名臣，对国家有相当贡献。他在边陲带兵的时候，叫他的次子回家收租，一次收了四大船的租谷回家，在路上看到范仲淹的朋友石曼卿（延年），上前问候。石曼卿流泪告诉他，母亲死了，连棺材都没有钱买。范纯仁即将收来的租谷，全部赠送给石曼卿。范仲淹正在书房读书，见儿子空手而回，就问路上发生了什么事，范纯仁将经过说明，范仲淹听了，非常高兴，对儿子大为嘉许。

我们看范仲淹的一生，就是“穷不失义，达不离道”这两句话的最好说明。这也就是孟子在这里所讲的“穷则独善其身，达则兼善天下”。不过就文章说，“千古文章一大偷”，这句话也是脱胎于老子的“后其身而身先”一语。三个人的话，是同一个观念。不过，孟子的变化说法，比老子那句话达畅多了。《老子》是春秋时代的文体，简练又简练；孟子与范仲淹写的，就是白话文了。

有我　无我

孟子接着说：“穷不失义，故士得已焉；达不离道，故民不失望焉。”一个人的学问修养做到了，虽然一辈子倒霉，人格始终不褪色。不要因为自己没有钱，而将自己的人格打折扣，那就整个失败了。“士得已”就是有我，“已”就是我，“得已”就是保得住我自己。

我刚才说人格的保持，年轻人要特别注意。若干年前，两三个大学的佛学社团联合邀我作一次演讲，可是我听见是佛学社团就头大，讲佛讲得不好会讲“糊”，讲得糊里糊涂的。我当时对他们讲的题目是“有我与无我之间”。学佛要无我，形而上道——自己讲修养，要到达“无我”之境，才可以入门，但还不是最高。做人做事，一定要“有我”，才能够立大功成大业。一般学佛的人，拿了这个“无我”的名词，就把鸡毛当令箭，到处“无我”一番，结果佛既学不成，人也做不好，这是学佛的人最容易犯的毛病。

做人一定要“有我”。例如写一篇文章，如果其中“无我”，则不值一读，不会有内容，老师就会批“不知所云”四个字；画家画一幅画，“无我”就没有东西。做人“无我”则怎么做人？是谁在做人？我就是我，不能变成你。更不能今天变成张先生，穿上西装；明天又变成李小姐，抹上口红。那成什么话？所以做人要有我，每人有自己的人格，自己的品德，自己的风格。至于风格对与不对，在于前面说的“尊德乐义”这个范围。各人在这个范围之内，建立各自的品格，老实人是老实的风格，慷慨的人是慷慨的风格，这就是“我”。

所以“穷不失义，故士得己焉”，穷了还有我，如果穷到了无我，那就是孔子说的，“小人穷斯滥矣”。得志了，则“达不离道，故民不失望焉”，得志以后并不忘形，不离开“尊德乐义”之道，更要好善。得志以后，到了上位，就要记住是上天给自己的机会，去为大家做事。在我个人的体验，不想运气好，更不想得志。所谓运气好，只是一个字“忙”，连吃饭的时间都没有；倒霉的结果则是“闲”。如果“忙”与“闲”可自己选择，我宁可选择倒霉，太忙了吃不消。

而且更讨厌的，是脸上的皮肉也要忙，见人就得笑，不想笑也得笑。如果没有地位，不笑就不笑！别人也不在乎我笑不笑。有了地位，只好对人笑，不笑就被指为傲慢、官腔；有时会笑到脸上的肉发酸，也很可怜。“达”就要“不离道”，能这样的话，一般人才不对他失望，那就是众望所归了。现在选举胜利的人，就有人送一块匾额，上题四个字“众望所归”。当然，现代的选举，当选的人是否真是众望所归，那又是另一个问题了。

孟子继续说：“古之人，得志，泽加于民；不得志，修身见于世。”古代的人，读书求学问，是为了增进自己的修养。得志的时候，是上天所给的权位，不过是一种工具而已，目的在用这工具做好事，给社会大众谋福利。如果不得志，也没有关系，不过，也要对社会有贡献，不能蹲在城隍庙的角落躲起来。这样是自卑，是没有修养的，应该“修身见于世”——修身养性，端正自己，给世人看见，做个好的榜样。

“穷则独善其身，达则兼善天下”，这两句是孟子流传千古的名言。凡是中华民族的青年，都应该牢牢记住，这是人生的价值观，和人生的目的。如果对于自己人生的价值和目的都搞不清楚，那简直是糊里糊涂地过了一生。

凡民与豪杰的区别

孟子曰：“待文王而后兴者，凡民也；若夫豪杰之士，虽无文王犹兴。”

孟子曰：“附之以韩、魏之家，如其自视欿然，则过人远矣。”

孟子说，周文王是历史上的贤君，也是历史上的明王。文王、武王父子两代，在当时十位贤臣的辅助下，以他们的智慧共同努力，确实做到齐家、治国、平天下的局面，而使周朝延续了八百年。这十个大臣，就是历史上所称的贤臣，其中一人是文王的太太。一般的人才，要靠好的领导人，才能有机会站出来；这类人还是普通人才，非靠背景，靠别人提拔不行。而真正的英雄豪杰，无论在任何环境之下，都站得起来。

关于这个观念，历史上有一个例证。大家都知道，韩信在年轻倒霉的时候，受过“胯下之辱”。因为他身上佩了一把剑，在街上遇到几个小流氓，拦住他说：“你这小子，有什么了不起？居然还敢神气活现地佩剑，有种的咱们比划比划，没种就爬过去。”他们叫韩信从他们的胯下爬过去。韩信气得将剑拔出了一截，可是一转念间，还剑入鞘，照他们的话，爬了过去。这班小流氓哈哈大笑，非常看不起他。

他当时没饭吃，有个洗衣服的老太太，起了同情之心，就把自己的饭包送给他吃了。后来韩信做了三齐王，得志后回到故乡，找到了当年那几个流氓，那些人吓得脸也白了。韩信却说：你们不要怕，当年如果不是你们那样刺激我，我可能不会努力，更不会有今天。老实说，当时我要杀掉你们，是轻而易举的事，可是我划不来，而且要犯罪坐牢，因此我忍了。现在，我给你们事情做，去当个低级军官，可不要再骄横了，好好地干，要做出一番事业来。

这就是韩信。所以他当了三齐王以后，汉高祖和他闲谈，问起他能带多少兵，他说：“多多益善。”汉高祖再问他，像我刘邦能带多少兵？他说：最多十万。汉高祖说：可是你为什么为我所用呢？韩信说，你虽然不能带兵，可是能够“将将”。

有一次韩信与带兵的同僚们谈话，就笑他们，虽然你们功成名就，不过是一般平凡的角色，你们是靠运气，靠别人给你们机会才有成就，并不是你们本身真有了不起的才能，所以值不得骄傲。他引用了一句古人的名言——“公等碌碌因人成事”。事实上也真的如此，人多半是靠运气和别人给的机会，才能站起来，这就是孟子说的“凡民也”。

这一段，孟子是告诉我们，如果一个人有志气、有才能，不管任何环境，自己都会站起来的。也就是说一个大丈夫，不依附任何人都能够站起来，只是遭遇各有不同而已。

所以，孟子又说，假定有一个人，有好的背景，和韩家、魏家有很密切的关系（韩家与魏家，是孟子当时的大家族、大财阀，也是特权分子），可是这个人并不引以为荣，这样的人就是了不起的人。所以一个青年，家庭良好，社会背景良好，而有高度修养，但做人很平凡，做事很踏实，自然前途无量。

台湾二三十年来，像这样自己起来的青年有很多，他们把自己的家世，看得很平凡，做人规规矩矩，骑脚踏车去上学，这就是了不起。这种人，就是有过人之长，将来有前途，一定有他的成就。

这里两节书，说了正反两面的情形。第一点说到“若夫豪杰之士，虽无文王犹兴”，一个大丈夫，没有地位，没有背景，自己终于站了起来。所谓站起来，不是发大财、做大官，而是对社会人类有所贡献。第二点是说，有社会地位，良好家庭，背景很硬的人，而自己能看得非常平淡，并不骄傲于人，并且不依赖家世背景，而自己能够站起来的，也是超越了一般平凡的人，将来会有伟大的成就。

谁是好领导

孟子曰：“以佚道使民，虽劳不怨；以生道杀民，虽死不怨杀者。”

孟子曰：“霸者之民，驩虞如也。王者之民，皞皞如也。杀之而不怨，利之而不庸，民日迁善而不知为之者。夫君子，所过者化，所存者神，上下与天地同流，岂曰小补之哉？”

孟子曰：“仁言，不如仁声之入人深也；善政，不如善教之得民也。善政，民畏之；善教，民爱之。善政，得民财；善教，得民心。”

孟子又由做人的道理，扩而充之，讲到为政。人生的个人修养，到达了不依赖身世、背景、环境而能够自己站起来，进而能够领导社会、领导政治，然后能够做到“以佚道使民”。“佚”就是安逸，“佚道”就有很多内涵了，发挥起来，可以写一本专书。简单来说，所谓“佚道”，就是看不出来有所作为，很安详，就是老子说的无为之道，无为而无不为。

一般所谓很能干的人，他有作为，别人看起来，他很忙，指挥这人往东，又命令那人往西，大家也就跟着他团团转，忙得很。如果是一个真正懂得“佚道”的人，作一个领袖或领导一个公司，看来好像大家没有事，其实人和事什么都安排好了。以现代的名词来说，就是最高明的科学管理、企业管理、人事管理；在政治上是平静，社会没有事，经常很太平。因为社会本来不乱，就不需要做事；社会乱了，警察就忙了。

所以“佚道使民，虽劳不怨”，老百姓在“佚道”的治理下，虽然劳苦一点，但对上面不怨。我几十年的见闻和人生经验，发现不管当小主管大主管，上面很少不被下面埋怨的；即令最好的领导人，下面虽当面恭维，背后却在埋怨。而且有时的埋怨，并不一定是领导人不对，所以尽管是“佚道使民”，想达到“虽劳不怨”，也是非常难的。譬如要求大家遵守交通规则，是为了行人车辆的安全，也可以说是“佚道使民”；可是要他过一个地下道，或者天桥，这种不算劳苦的小事，也还是有人要埋怨的。

其次“以生道杀民”，上天有好生之德，处处在爱护人，不希望老百姓犯法，尽可能使他免蹈法网，可是仍然有人不畏死而犯法。为了大家的安全生活，逼不得已而杀掉为害大众的人。像这样最后受刑被杀的人，虽死但不怨恨杀他的人。

这种死而不怨杀者的史料，上古很多，中古以后历史记载的，则偶然有之，并不多。在历史上，成功的大臣做得到，如上古舜时的鲧，不但不怨，而且他的儿子禹，更继承父业，终于治水成功，这是最显著的史例。

孟子进一步对历史作了评论。因为孟子生于战国群雄专讲霸术的时代，故而为历史政治哲学，对王道、霸道下了定义。在孟子所说的霸道中，如果是一个真正的霸主时代，人民还是“驩虞如也”，大家的生活还是比较平安康乐的，如齐桓公、晋文公时代，这是真正的霸主时代。至于“王者之民”，就是三代以下，乃至周朝的初期，生活在王道政治下的人民，就是“皞皞如也”，大家都是自由自在地生活着。在这种王道政治的社会，“杀之而不怨”，人民犯罪，虽被杀也不怨恨。“利之而不庸”，在真正王道的社会，虽有发财的机会，人人生活安定优裕，但并不贪图过分的利益。

这是孟子为王道政治的思想绘出的蓝图，也就是大同思想。以现代的民主自由政治思想而言，真正民主自由的社会，就是王道社会。

“民日迁善，而不知为之者”，在这个王道社会中，人民的个人道德与治国的政治道德，以及文化，是在不着痕迹之中进步发展。而真正的道德，是“不知为之者”，不知道是什么在促使这个社会进步，而社会自然默默地在进步，这一种社会现象，就是在真正的王道政治下，才能达到的。

“夫君子，所过者化，所存者神，上下与天地同流，岂曰小补之哉。”这一段话，要特别注意，尤其是青年朋友们，是挑起民族承先启后责任的人，凡是中华民族的子孙，都要挑起这个责任。

一个知识分子，担负有国家民族文化的责任，对于道德的修养，人文修养，要做到“所过者化”，才合于继祖承宗的标准，也就是要做到内圣外王。真正的圣人，大家就自然受他的影响，受他的感召和教化；口头的教化是言教，更重要的是身教。身教是以自己的行为影响别人，超过了言教，但还是不够，要能够做到“所过者化”。可是如何化呢？“所存者神”，到达神化的境界，就是由精神的感召，改变了别人的心理与行为，只要他人在那里，一般人就会对他肃然兴起恭敬，就像对庙宇中的菩萨，或供奉的神明，或教堂中的十字架一样，戒慎之诚。

一个人学问道德修养的目标，如果不能达到这个程度，那是可耻的。前面孟子曾说人贵知耻，假如做到了“所过者化，所存者神”，他的成就能“上下与天地同流”了。说到“同流”，使人容易想起一句成语“同流合污”，那是狭义的看法，是一个坏的状况；但从广义着眼，天地生长一切万物，有好的，有坏的，的确是“同流合污”的。但天地并没有对万物分好坏，毒药可以致人以死，但有时也可以治病。万物因时间、空间、对象、环境的不同，使用的动机方法不同，才有是非善恶好坏的差别。“同流”就是像海洋一样，充满了生机；学问道德修养的目标，就是要达到这样的境界，向这一目标努力。所以孟子最后说，“岂曰小补之哉”，人不要轻视自己，尤其一个知识分子，不要轻视了自己的责任，要立志对社会有贡献，对宇宙有贡献，有天地一样的胸襟。

前面提到过，张载（横渠）有四句话：“为天地立心，为生民立命，为往圣继绝学，为万世开太平。”凡是知识分子，应该有这样的志向和抱负。出世修道，也同样是“为天地立心”。因为维持文化精神的人，虽寂寞穷苦，但是他们是“为天地立心”；而那些延续人类文化于不坠的人，就是

“为生民立命”，在佛学上讲，就是延续“慧命”。

“为往圣继绝学”，就是今日我们所说的孔孟之道，这是我们中国的文化。说来非常可悲，已经是命如悬丝了。这一民族文化的命运，如千钧的重量，只有一根丝在吊住，连我们这些不成器的人，也被称作学人。而我们自己反省，并没有把文化工作做好，而且白发苍苍，垂垂老矣。再往后看，还未曾发现挑起“为往圣继绝学”责任的人，所以青年人要立志承先启后，而且能继往才能开来。

与这四句话有同样精神的，是佛家《六祖坛经》中的——“众生无边誓愿度，烦恼无尽誓愿断”，二者虽儒佛不同，但意义相同，不要有门户之见。

孟子在这里，为中国文化思想哲学，立下一个千古不移的原则。他说，“仁言”不如“仁声”那样能够深入人心，产生较大的作用。也就是说一切言语文字的教化，比不上声望的影响。“善政，不如善教”，好的政治，不如良好教育对人的影响，因为受教者是终身获益的。“善政，民畏之”，一个好的政治方案，好的法令，可以应付现实的问题，但其利益、效果，到底有时间、空间上的限度；时过境迁，则当别论，不能对永恒的未来，有所改善。教化则不然。“善教，民爱之”，如孔孟之道，千秋万代，永远有益人类，太阳没有毁灭以前，他的价值永远存在。所以“善政不如善教之得民也”，这句话对于低吟“命薄不如趁早死，家贫无奈作先生”的教师们，是一种鼓励，可以写来贴在案头，自我安慰一番了，因为教育家负担的是善教之责。

孟子申述，良善的政治，固然得人民的爱戴，“善政，得民财”，一个方案下来，可以立即得到利益。但施政必依法令，法令对人总有所限制，老百姓遵行法令，多出于怕犯法的心理。“善教，得民心”，对于善的教化，老百姓就以欢喜的心情，爱好的心情而接受。所以善政就得民财，善教就得民心。

中国上古的政治哲学，是“作之君、作之师、作之亲”三者并重的，也是相互兼施的。为政者是作之君，是领导人；同时也是作之师，兼负了教化的责任；也是作之亲，像大家长一样，养育百姓。后来，君道与师道分途，两者始终不能合一，这是人文历史的演变。

下面，大问题来了，这是孟子学说的中心问题。

人性的良知良能

孟子曰：“人之所不学而能者，其良能也；所不虑而知者，其良知也。孩提之童，无不知爱其亲者；及其长也，无不知敬其兄也。亲亲，仁也；敬长，义也。无他，达之天下也。”

孟子提出来的“良知”“良能”，成为不得了的重大问题。这两个名词，影响了整个亚洲各民族的哲学思想，约有八百多年到一千多年之久。

王阳明的哲学，影响了日本文化，成为日本明治维新的真正文化中心，也就是王阳明所阐述的良知、良能之学。这个学说，在国内自明朝到清朝的六七百年之间，也产生非常大的影响。尤其在佛教禅宗方面来说，王阳明的学说一出来，就掐住了禅宗的喉咙，需要抽痰开刀了；但也有许多禅师，是在王阳明的学术影响之下而悟道的。

王阳明悟的是什么？就是孟子说的“良知”；而佛说的“般若”也是“良知”。“佛即自心，能生万法”就是“良能”，神通妙用也就是“良能”。王阳明曾学过道家，也学过佛家；后因被谪到贵州龙场，自己在山洞里闭关打坐，工夫已做到有神通，能够先知了。有一个朋友去看他，在三天前他就预知了。王阳明悟道以后，采用了孟子的“良知”“良能”，提出所谓的四句教：

无善无恶心之体　有善有恶意之动
知善知恶是良知　为善去恶是格物

王阳明的功业文章，很了不起，但是对于他的四句教，我也曾在民国四十四年（公历一九五五年）出版的《禅海蠡测》中评论过他，现在不再多说。

至于孟子的这两句话，也是很值得讨论的。他说“人之所不学而能者，其良能也”，不学就会做的，就是“良能”。那么小孩子偷糖果吃，也是“良能”吗？“不虑而知者，其良知也”，不经过考虑而知道的就是“良知”。像有的人，天生有偷窃癖，有家有当，丰衣足食，可是看见穷人家两只鸡，他还是会不加考虑地偷来，这种不虑而知道去偷的知，也是“良知”吗？所以孟子这两句话，哲学的道理完全对，用的文字有问题。同样的，“不学而能者，其良能也”，也有问题。小孩子“不学而能”的事多得很，孩子的破坏性很大，见到东西，尤其是新奇的东西，喜欢拆解破坏；对于一些小动物，喜欢弄死，这也算是“良能”吗？所以这一段，是孟子学说的中心所在，可是值得讨论的地方，实在太多了。

他又说：“孩提之童，无不知爱其亲者；及其长也，无不知敬其兄也。”我不完全同意孟子这几句话，说得未免太笼统了。他说“孩提”，这已经不是婴儿，是由大人牵着手走的四五岁上下的孩子了。他说这样的孩子，统统爱父母。这可是不一定，学过儿童心理学的就知道，有太多的孩子，天生不喜欢自己的父母。严格说来，婴儿喜欢母亲，也并不是由于孝心，只是他需要吃母亲的奶水，是利害关系。一般说这就是孝，就是爱，那是知识分子加上去的。人类的本性究竟是善是恶，是否可爱，是一个大问题。孟子强调“孩提之童”，个个都知道“爱其亲”；等他长大了，个个都知道“敬其兄”，也是有问题的语句，因为兄弟姊妹间成冤家的多得很。人性是很可怕的，究竟是否像基督教说的，吃苹果变坏了或被蛇诱惑，真是一个大问题。

再看他下面的结论。“亲亲，仁也”，亲爱自己的亲人，是对人类同情；“敬长，义也”，爱自己的兄长，同时也爱别人的兄长。“无他，达之天下也”，孟子说，这没有其他理由，这是人类的真理。孟子这些话大有问题，需作彻底的讨论。

王阳明的学说思想，就采用孟子的这两个名词，“良知”与“良能”。阳明先生特别注重于“良知”，认为“良知”是人的天性之知，等于佛法所说的觉性。而阳明学说的重点，在“起用”——即知即行。

孟子对于“良知”、“良能”的观念，在原文中他下的定义是：“人之所不学而能者，其良能也；所不虑而知者，其良知也。”这是两个大原则，这是讲心性的“知”与“能”。他认为“能”与“知”是不学而会的，例如小孩子不学就会做的，就是“良能”；不经过思想考虑而知道的，就是“良知”。

有人作哲学的比对，认为孟子的“良知”，就是西方哲学中，法国人博格森所称的“直觉”。现在更有人认为，禅宗的悟道，是一种“直觉”的作用。至于博格森所说的“直觉”，与孟子所提出的“良知良能”，是否相同，是一个值得研究的问题。但是，以一个翻译的名词，任意用来凑上做研究比对，这是很危险的事。研究学说，应该持“知之为知之，不知为不知”的态度，看见一个名词，不可任意拿来引用作比喻，必先探究来源，了解它的含义，然后方可引用。

再看孟子对“良知良能”所引申的理由，他说一个小孩子就自然爱他的父母，这就是“良知”。可是相反的一派，主张人性本恶的法家，观点就不同了，认为小孩子的爱父母，不是本于人性的善良，而是为了利害的需要，有奶便是娘。假如一个婴儿生下后，抱离父母，由另外一位母亲养育，喂他奶吃而真爱他，这孩子也一定爱这个母亲。如以现代心理学来分析，也是如此。而孟子认为小孩子爱父母是天性，长大了就爱兄弟姊妹，这是不一定的，意见相反的非常多。

缩小范围来研究，孟子所说的“良知良能”，究竟是什么？这个“知”，这个“能”，到底是什么？

孟子在这里所说的话，和告子所说的一样，他们几位所辩论的人性，都是指后天的性，是父母生下来以后的，不能代表形而上的本性。所谓父母未生以前的本性，究竟是善良，还是不善良，这是一个大问题。

因此联想到老子所说的“天地不仁，以万物为刍狗”，一般人向来歪曲了老子的意思，说老子认为天地无所谓仁爱，只是在玩弄万物；而所谓天心仁慈，只是人类的一种观念而已。如果天地真的由于仁慈生了万物和人，为什么又让他们生病、烦恼、死亡？这不是天地自找麻烦吗？如果天地生人，都不老不死，该有多好！太阳永挂中天，连电灯也不必有了；大地自然会冒水，也不必下雨了。可是天地偏要制造许多矛盾，这就是“天地不仁，以万物为刍狗”。

一般人这样解释，可以说是歪曲，是诬蔑了老子。我认为这两句话是说：天地无所谓仁或不仁，无所谓善，无所谓恶，天地生长万物，都是看做刍狗一样，完全平等。古代的祭品中有狗，后因不愿杀生，便以刍草做成狗来代替，名为刍狗。在祭祀以后，就抛弃了。所以天地生长万物，是任万物自然而生，自然而灭，无所谓仁与不仁，更不是玩弄。所以老子这两句话，只是说明自然的道理，不能往坏的方面去解释。

由于老子这两句话的说明，依据逻辑，可以引证，对于形而上的本体而言，可以称为良知或不知，或良能，或无能，或能而不能，或知而不知，均可，并不必要强调一定就是“良知良能”。

再向好的方面看，良知与良能这两个名词，孟子所说的是对的。“良知”是人性的好知，但有时候是邪知、歪知，那个知就不大好了。孟子所以说“良知”，是因为他的思想始终站在人性本善的观点上说话，凡是善的事情，自然都是“良知良能”。但这项学说有一个漏洞，就是邪知、歪知，以及坏的行动，是不是“良知良能”？如果说坏的行动，是后天的习气而来，在理论上就有了问题。

良知良能经孟子提出后，影响了中国文化思想达一两千年之久。这个问题，西方有些哲学家，在唯心道德理论上，与孟子的这一理论是相合的。另有一派非道德的学派，则认为孟子这一说法不够哲学，甚至说中国人没有哲学。其实人伦道德本来是以行为作基础的，硬套上一个哲学的帽子，谈到形而上的本体，就不通了。例如孟子所提的，小孩子天生有善良的本性，但他引用的例证，则不足采取。

再回溯看孟子的老师子思，在《中庸》中所说的话——虽然有人说，孟子并未跟子思学过，子思死的时候，孟子只有十几岁，但是子思很器重孟子，曾说这个孩子将来会成圣人。这些考据的事，这里不去讨论，但看子思著的《中庸》，其中也没有提到“良知良能”，只说“天命之谓性”，对于心性，一如佛家说的“一切众生皆是佛”，只是自己没悟，所以不知自己是佛。《周易·系传》上的“百姓日用而不知”，也是这个意思，自己不知道自己就是圣人。

但《中庸》中还有一句话——“君子之道，费而隐，夫妇之愚，可以与知焉，及其至也，虽圣人亦有所不知焉。”这是说一个人真正悟到了“天命之谓性”，就达到了圣人的境界，但圣人不知道自己是圣人，如果知道了，那就不是圣人了。所谓“夫妇之愚，可以与知焉”，就是说，在男女饮食之中，也可以悟道，虽达到了极点，圣人也不知道。这几句话很妙。

《中庸》一开头就说：“天命之谓性，率性之谓道，修道之谓教。道也者，不可须臾离也，可离，非道也。”像这一类古书，希望今日的知识青年，能够熟读背诵，了解它的意义，才不愧是中华民族的子孙。四十多年前，有一位留德的著名黄医师，她是江苏的世家子弟，对国学有相当造诣。她说在德国时，有一次去跳舞，召来一名舞男，她最初还不大看得起这个以伴舞谋生的德国青年，但那个舞男说是大学毕业，而且读过《老子》，并且立即用中国话背诵：“道可道，非常道，名可名，非常名。无，名天地之始，有，名万物之母……”不但背得滚瓜烂熟，而且解释得也很有一套。所以这位留德的女医生就说，将来中国文化，必有流行于世界的一天，凡我国青年，千万不要忘了自己的文化，否则到了国外，反不及外国人了解得深切，那就太惭愧了。

现在回到本题上来。《中庸》既说“天命之谓性，率性之谓道”，本性是永远存在的，悟道的时候怎么悟？前面说到《中庸》：“夫妇之愚，可以与知焉，及其至也，虽圣人亦有所不知焉。”意思是夫妇之愚都可以知“道”，可以悟“道”，可是“及其至也，虽圣人亦有所不知焉”，照文字去解释，是说连圣人都不清楚，这还算是悟道吗？这又成为一个大问题了。

到了明朝理学鼎盛的时代，有一位读书人，去向密云圆悟禅师请教。这个禅师是明代一位不得了的大禅师，但是他和六祖惠能一样，也是贫苦出身的，没有读过多少书；可是他悟道以后，豁然开朗，什么都会了。这个读书人问他："虽圣人亦有所不知焉"这句话是什么意思？这和佛说到菩提道"不可说，不可知"一样吗？密云圆悟禅师说，你读了一辈子书，这个道理也不懂么？"具足凡夫法，凡夫不知；具足圣人法，圣人不会；圣人若会即同凡夫，凡夫若知即同圣人。"这位读书人一听这几句话，佩服得五体投地。

他这四句话就是说，本性这样东西，人人都有，也就是"一切众生皆是佛"，人人具足天性，所以人人也都是圣人。凡夫不知，因为没有悟，不知道自己就是佛；凡夫一悟了道，见到本性，就成佛了。可是，成佛以后，一天到晚心想"我成佛了，你们大家都是迷的"，这就是"圣人若会"。圣人悟后，如果还抱着这个道不放的话，那么"即同凡夫"，还是个普通人，等于没有悟。这就是《中庸》为什么没有说到"知"的原故。

我们又回溯上去，看子思的老师曾子，是怎样说"知"的道理。曾子所著的《大学》一书中说："知止而后有定，定而后能静，静而后能安，安而后能虑，虑而后能得。"又说"致知在格物"，将"知"字提出来了；接着又说："物格而后知至，知至而后意诚，意诚而后心正，心正而后身修，身修而后家齐，家齐而后国治，国治而后天下平。"

他这里"致知"与"格物"相对，其中的道理，后世没有很好的阐述，只有以禅宗的道理来解释，才比较切题。"致知"就是"顿悟"，"格物"就是"渐修"，"致知在格物，物格而后知至”就是说，欲想顿悟，非渐修不能顿悟；渐修欲有成就，非顿悟不能有渐修的成果。

但是要注意，《大学》的“知止而后有定”，与《中庸》里的“夫妇之愚，可以与知焉”，其中的“知”，都是讲知的用，也就是心性的作用。心性的第一个作用是“知”。

再回溯上去找祖师爷，就是曾子的老师孔子，他提出来：“知、仁、勇，三者天下之达德也。”这也是讲用，没有提到本性。而到了孟子，则讲“良知良能”，好像是悟到人性的本来，尤其到了宋明理学家们，强调“良知良能”就是本体的作用。因此宋明理学家，非常反对佛，反对禅，也反对老庄，反对道。因为佛与道两家的人，在王阳明认为，知而不能起行，是落空的，光在那里关门打坐，得了道有什么用？这个道不能起用，不能行，不能救天下、国家、社会、众生，所以没有用。因此他主张“知行合一”。

他们这样一来，就犯了一个错误，把形而上本性的体，与形而下行为的用，混为一谈，成了体、用不分。他们之所以犯这样的错误，是根据《孟子》这里的“良知良能”而来的。可是这并不是孟子的学说不对，而是他在这里所说的话，交待不清；在措辞举例上，把“良知良能”，说得“很像”是道的本性，以致宋明理学家们，就把体和用混淆在一起了。

再回头看看佛家，在经典上提到“知”，是用“智慧”的“智”这个字。中文的“智”这个字，还不够表达那个见到本性的“智”，所以多直接译音为“般若”。勉强用中文来解释，般若就是最高最大的智慧。《圆觉经》上曾说“知幻即离，不作方便，离幻即觉，亦无渐次”，大家要做工夫修道的话，不论哪一宗派，这几句话好得很，都是做工夫最切要的。

“知幻即离”，知道自己的妄念只是妄想、幻想，大家闭起眼睛打坐，实际上在打妄想。明知妄想是虚幻的，可是除不掉，觉得两腿有工夫，就是妄念除不了，都在为此而困扰。

而佛告诉你，当你知道这个念头是妄念时，那个妄念早已经跑掉了，“不作方便”，不须用方法去除掉它。可是大家犯了一个错误，总认为妄念来了，怎样才可以除掉呢？而实际上你刚刚的妄念，已经绕地球一圈到了外层空间，早已无影无踪了；而你想除掉的念头，岂不又成为另一个妄念了吗？所以“知幻即离”，知道它是妄念的时候，妄念已经走了，它不会停留的，不必用什么方法去除掉它。

“离幻即觉，亦无渐次”，离开妄念以后，很清净的一刹那，就是觉性，没有什么小乘、大乘、初地、二地等等的分别。

在理论上，大家懂了这四句话，好像喝了咖啡，吃了冰淇淋一样，心里非常舒服清凉，认为佛到底是很高明的。问题在于佛高明，我们并不高明，因为“离幻即觉”的这一“觉”，留不住，刚刚有一觉，又变成了妄想；刚说“不作方便”，只要把这一觉保住就好了，现在这一觉又睡觉去了。所以不是醒觉之觉，而成了睡觉之觉，又糊涂了。大家修道的痛苦就在这里，这是用功方面。

在理论方面，《圆觉经》上这句“知幻即离”的方法，也是用，并没有说到体。后来有一位禅师说过："知之一字，众妙之门。"众妙之门这句话，出于《老子》，禅师是借来用的。这是说"知"有如此重要，我们的犯错、犯戒、犯罪，就是因为不知，所以糊里糊涂犯了错。据说，如果能知的话，就不会犯错。这是"据说"，以我个人研究人类的心理，有许多人明明知道别人的东西不可拿，拿了则不道德；同时又知道这个东西很可爱，于是理智上的道德观，与情感上的爱欲，发生了战争，结果情感战胜了理智，不管道德不道德，拿了再说。这两个"知"，不知道谁是哥哥，谁是弟弟，往往如此矛盾。所以"知之一字，众妙之门"，如果认为这个"知"就是修道、悟道最重要的东西，则是错误的。

如果有这一"知"存在，永远不能成功；认为这一"知"——灵明觉知，就是道，也是错误的。因为这一知还是意识，是第六意识的妄想境界，所以修道不能成功。

例如唐代的香严禅师，他从学的是天下第一明师百丈禅师。对于禅理，香严非常高明，可以一问千答；对于一个问题，他可以作十面的答复，可是他还是没有开悟。百丈死后，他只好去找师兄沩山禅师。沩山对他说，你的道理都对，就是没有实际开悟，你在这里少讲道理。又过了很久，香严就是悟不进去。有一天自觉悟不了，不修行了，就跑到南阳忠国师那里去种菜，心想如此过一生算了。有一次在种菜时，地上有一块瓦片，他拾起来一丢，刚好落在竹子上，"碰"的一声，他开悟了。这叫做"有意栽花花不发，无心插柳柳成荫"。于是作了一个偈子：

一击忘所知　更不假修持

动容扬古路　不堕悄然机

处处无踪迹　声色外威仪

诸方达道者　咸言上上机

悟了以后，要忘“所知”，连悟的这一知都是多余。再回到《孟子》这里，把他的“良知良能”拿出来看看，到底是怎么个东西。

我们以现代知识来研究，婴儿刚生下来，是有知或是无知呢？他“哇”的一声哭了，但那是哭或是唱歌，谁也不敢肯定，可惜我们自己也忘了。今天的禅宗和今天的儒家，已与往古不同，就要问这个问题了。如果说婴儿无知，他确有一个知，就是孟子所说的，“不虑而知”的知，也有“不学而能”的能。婴儿饿了一定会哭，可见他“不虑而知”，这是天生的。如果站在医学、生理学或唯物哲学的立场来研究，认为这是唯心的理论，那是错误的，因为肚子饿了会哭，不是知不知的问题，是生理上脑神经的自然反应。

婴儿会抓东西，欢喜踢脚玩，长大一点又喜欢跑路；中年手动得多，玩手；年老手脚都不大愿动了，只好坐在那里回想，玩头脑，头脑玩完就走了。这是人生的历程。可是婴儿抓住一件东西，这是不是良能？在现代医学上则叫做人的本能，是神经的反应，这与道德的良与不良无关。“良”是哲学家加上的一个字，加的对与不对，科学家不置可否，你爱加就去加吧。

我们如果列举古今中外，各种不同的意见来对比，那就太多了。现在只从大的纲领上，扼要说到这里。

现在，我们将《孟子》本身的学说，把他前后所说过有关的话，连接起来做研究，应该说，孟子所说的良知、良能并没有错，问题在于他文字的说明运用不太清楚。孟子对于人性，不论是先天的、后天的，都是从“性本善”的哲学主张而来，如佛家所说“无始以来自性本来是光明”。人从娘胎中生下来开始，就属于后天，后天所染的习气，就是“习相远”。把这种习气的动作，当作了自性光明善良的一面来看，是孟子以后一般人的错误解释。

孟子提出来的良知、良能，重点在“良”字上。是善良的知，善良的能，也就是《大学》上“止于至善”的那个“至善”的境界。他如果说，有些孩子天性笃厚，坏习气沾染得比较少的，所以“无不知爱其亲者，无不知敬其兄也”，那就清楚了。所以为了说明他这一段书，要把古今中外与他相反的理论都列举出来，然后，只有借用佛家的理论，来为他作解释，才能了解他所说的真意。至于后世的理学家如王阳明先生，囫囵吞枣，一股脑儿没头没尾地引用，对孟子的学说作不清楚地界说，反而搞得更加纷乱了。

现在，我们再看下去，孟子自己在后面的解释，就更清楚了。

人的等别

孟子曰：“舜之居深山之中，与木石居，与鹿豕游，其所以异于深山之野人者几希；及其闻一善言，见一善行，若决江河，沛然莫之能御也。”

孟子曰：“无为其所不为，无欲其所不欲，如此而已矣。”

孟子曰：“人之有德慧术知者，恒存乎疢疾。独孤臣孽子，其操心也危，其虑患也深，故达。”

《孟子》这几行书，阐述了良知、良能的道理，这是最好的说明，也是对他的说明最好的批注。这并不是说孟子的文章写得不好，而是上古时代的文章，力求简练，后人看来易生误解。孟子接连不断地发挥，有时拿事情来举例，有时用比喻来解释，实际上，上下文的义理、思想是一贯的。可是宋儒（朱熹）这一系统，偏偏自作聪明，认为“四书”不合文章体裁的逻辑，把它切断分割，分章分句，叫做“四书章句”。这样的自以为是，反而变成断章取义，把重要的文句变成一个章节段落，使原本整体连贯的思想原则，变得支离破碎。从南宋以后，历经元、明、清六七百年之间的政权，遵循“四书章句”，以此取士考取功名，使孔孟圣人之道困于章句之学，导致儒家伟大的学术思想，被后人唾骂为“吃人的礼教”的教条，因此便要打倒孔家店。

孟子说，人性天生是良善的，提出大舜作一证明。他说：“舜之居深山之中，与木石居，与鹿豕游，其所以异于深山之野人者几希。”舜出身的家庭，是所谓“父顽母嚚弟傲”，父亲愚顽不化，母亲泼辣不讲理，弟弟又桀骜不驯。舜受父母弟弟的迫害，被撵出家门，流落在历山的深山中耕种，和野生动物为伍，在林木山石中生活，当然无法接受教育和道德的培养。可是他没有变成野人，不但有学问，还有很高的修养，乃至成为历史上的圣王。这就是因为他发挥天性中善良的德性，不像我们凡夫，听到一件不对的事就发怒、批评；听到一件好事，就怀疑或者妒嫉。舜天性善良的品德，“及其闻一善言，见一善行，若决江河，沛然莫之能御也”，他听到善言，看到善事，他里面善的情绪，就像水库放水一样，滔滔而来，立刻接受，又感谢又恭敬。

孟子跟着说出舜发展善良德性的道理：“无为其所不为，无欲其所不欲，如此而已矣。”人性有善有恶，因为无始以来，人性原本是善良的，然而经过人生习气的染污，于是人性就有了善恶之分。但是一个人如果天性善良，在他处境最恶劣时，也会表现出善的一面。就像一个杀人不眨眼的人，面对自己的儿女，和所爱的人时，仍会流露出他的慈爱心。或者一个疯子，当看见他心爱的人时，也会有慈爱的面容。所以人要修养，佛家说修行，不应该做的事，就绝对不要去做；在先天本性上，所不希求的，所不必要的，就不要去扭曲自己的良知之性，如此而已。修行就是去恶为善，把理智的力量增强，把后天的欲望减少，直到完全去掉，渐次就可以达到圣人的境界。

因此，孟子说：“人之有德慧术知者，恒存乎疢疾。”一个做大事业的圣人、英雄，在人生的路途上，都曾遭受过很多重大的挫折，所以才会有大的成就。一个人道德修养的完成，或者知识的渊博，或者技能、艺术、学术、文章方面等等的成就，乃至彻悟心性最高的智慧，常常在心理上，有无法告人的隐痛，以及负担、烦恼等等的逼迫，或者身体上有疾病的痛苦。如果能突破这些障碍站起来，就有所成就。

为什么身心上困顿痛苦的人，成就会大呢？“独孤臣孽子，其操心也危，其虑患也深，故达。”因为是“孤臣”，是“孽子”。像舜的一生，他在生命的路途上，一开始受到的困难坎坷，就是“孤臣孽子”的心情，所以他对一切事情“其操心也危”。危字有双重意义，一是危险之危，就是看每件事情，都隐伏危机，不像没有吃过苦的人那样，把事情看得很容易；另一个意思是，危者正也，居心纯正，随时怕自己犯错误，如临深履薄，不敢乱来。“其虑患也深”，所考虑的问题，所顾虑的后果，都非常深刻、深远，使反对的人没有意见。因此比一个在顺心环境中成长的人，看得更为深远通达，所以后人有“世事洞明皆学问，人情练达即文章”的名言。

孟子在前面举出，历史上公认舜是一个大孝子，但了解舜的一生，才知道舜所受父母家庭种种折磨煎熬，得不到谅解的心情，非常困苦。可是他无怨无悔，积极修养自己的道德以达到最高的成就，成为一代圣君。他是一个真正大孝于父母、大孝于天下百姓的大孝子。记得前人有一名联：“世事都从忙里错，好人半是苦中来”，此言的确不虚。

舜的一生，是在这样恶劣的环境中，逆来顺受，转逆为顺，发挥了孟子所谓良知良能之本性。读到这里，自然就贯通孟子上面所提出良知良能的涵意，并可以解释为人性光明善良的一面了。

接着由个人修养，人性的善良面，再说到做人处事：

孟子曰："有事君人者，事是君则为容悦者也；有安社稷臣者，以安社稷为悦者也；有天民者，达可行于天下而后行之者也；有大人者，正己而物正者也。"

孟子又做了一次人格、人品的分类。由人性的光明善良面，再讲到一个人的成就，这是从"人之有德慧术知者，恒存乎疢疾"一段连接下来的。他说从政的人，有不同的几类，我们要先把人生观确定，准备将来做一个什么样子的人。这和将来赚多少钱、有多少资产，或子孙满堂等等，都不相干，因为这种种的情况，都不过是做人的一番景象而已。当院长、部长、大将军、大元帅，也是做人；做老百姓，也是做人。不管你是怎么穷通富贵，但个人自己的人生观首先要确定，知道自己要做哪一种人。

孟子说，有一种人去做人家的部下，或为升官发财，或为获得领导人的信任而为社会做一番事情，所以伺候主管，并且要迎合主管的心意。例如为了找工作，要去见一位总经理，就要先打听一下，他是喜欢长头发或短发型，喜欢青年装或西装，然后顺着他的意思穿着，再去见他，这就是"为容悦者也"，要合于他的意思。

第二种人出来做事，目的是不同的，他是为了社会、国家、天下而出来从政的，那么他的快乐，建筑在事业的成就、抱负的施展上，如果达不到这个目的，他绝对不干。

第三种人就很高了，叫做"天民"，是替天行道。这一种人是自己先行估计，能替社会做几分贡献，能有贡献才会出来做事。

最后一种是圣人，在儒家叫做大人，是“正己而物正者也”，这种人无所谓权力与地位，也无所谓站出来或不站出来，他是真正的天下之大人，无论当皇帝、当官、卖菜，都一样。大人就是大人，是正己而后正人的人；不但自己是正人，又是使天下万物，皆得其正的人。等于佛家所说的菩萨道，自利利他，度尽一切众生；也等于其他宗教所说的博爱世人，此之谓大人。以儒家的立场，所谓成佛升天，不过是成为一个大人而已。

孟子从人性的良知、良能，说明人性的用，而说到了做人做事，他把人格做了分类以后，下面再讲另一方面的人与事。

君子有三乐

孟子曰：“君子有三乐，而王天下不与存焉。父母俱存，兄弟无故，一乐也；仰不愧于天，俯不怍于人，二乐也；得天下英才而教育之，三乐也。君子有三乐，而王天下不与存焉。”

古代称君子，是指有道德、有学问、有修养的人。

孟子说，一个君子，有三样事情是他人生真正的快乐，就算拿皇帝之位来交换这三种快乐，他也不干。第一是有圆满的家庭，父母都快乐安详健在，兄弟姊妹之间和睦，没有人当太保，也不会出意外，无灾无病。

第二，随时随地，上对得起天，下对得起一切，到城隍庙烧香，面对阎罗王都不怕，因为没有犯过罪，没有做过亏心事，所以看见人，心不跳，脸不红。“怍”就是在测谎机上显示的不正常跳动频率，一个人光明磊落，没有任何事对不起天地鬼神及人类的，这是第二件快乐事。

第三，“得天下英才而教育之”，这是第三件大快乐，但它的构成条件是要有“英才”，如果“得天下笨才而教育之”，就“苦”也。当然“英才”是很难得的，有些人教也教不好，说他好并不好，说他坏又并不顶坏，而是一种“阴”才，这就在不苦不乐之间了（众笑）。

最后他又把开头的一句话重复一次：“君子有三乐，而王天下不与存焉”，这是他的感叹！

这三乐，孟子有了一乐半，因为他的父亲已不在了。孔子则没有第一乐。孔子的一生很苦，他的哥哥姐姐，从小都靠他养，而且孔子奉养的母亲是后娘。第二乐，他们两位都做到了。第三乐，孟子大概不胜感慨之至，孔子也没有完全做到，因为孔门七十二贤人，贤到什么程度就不知道了。至于说教育出来能够齐家、治国、平天下的“英才”，孔子门下没有，孟子门下也没有。

有人说，还有一个人，也只做到一半，那是隋末的王通，他自比尼山，儒、释、道三家都通的，也是大彻大悟的人。最初他也有志出来统一天下，后来和隋炀帝见面谈话后，看到国家天下的形势，并不如他想象中那样，便立即回家讲学河西，培养青年人才。后来唐太宗手下成名的将相，大多是他的门人，王通可以说是“得天下英才而教育之”。所以王通死后，他的学生们，私谥他为文中子。为什么由门人私谥而政府没有赠谥？在唐朝的历史中，连他的传记也没有，据说由于其弟王凝任监察御史时，劾奏唐太宗的舅子长孙无忌的友人，所以隋唐史中，没有他的传记。但满朝文武百官，他的门人们，私谥他为文中子，等于是当代孔子。

这里看到，孟子在人生的目标上，订立得如此远大，而孟子自己也没有做到，可见人生事业的难为。

> 孟子曰："广土众民，君子欲之，所乐不存焉。中天下而立，定四海之民；君子乐之，所性不存焉。君子所性，虽大行不加焉，虽穷居不损焉，分定故也。君子所性，仁义礼智根于心；其生色也，睟然见于面，盎于背，施于四体，四体不言而喻。"

这是孟子再三说明君子有三乐之外的修学境界，因此而说，即使贵为天子，也是平常的事，不算什么。

孟子首先说，一个人当了皇帝，领土大，人民多，为世界大国，哪一个人不希望这样？但是一个人纵使当了帝王，也不见得能有君子的三乐。

研究古今中外的帝王，可怜的太多了。了不起的帝王如汉高祖、唐太宗、西方的拿破仑，等等，他们也只统治短短一段时间就过去了。只有自称十全老人的乾隆，当了六十年的皇帝，老了交给儿子，自己当太上皇，在宫中静修，念密宗的咒语，偶尔管管闲事，真是十全。但是他乐不乐？一点也不乐，烦恼事情很多。所以当了皇帝，虽然"广土众民"，但并不乐。这就是为什么孟子教年轻人，先建立自己的人生观，认清楚人生的目标，不要去盲目瞎闯；没有确定目标，没有建立人生观，皇帝可以做，宰相可以当，可是，那也只算是人生生命经历的一场闹剧，“你方唱罢我登场，却认他乡作故乡”。

其次说到做圣人，“中天下而立”，是志愿在乱世中，做中流砥柱；换言之，是顶天立地，独立而不倚，不亢不卑，为万世人格的修养标的。“定四海之民”，做到齐家、治国、平天下，如周文王一样。多了不起啊！但是，这只能说是立功，谈不到立德，所以有人不走这个路子，孔子、释迦牟尼，就不走这个路子。像释迦牟尼佛，他天生可以当皇帝，本来就是太子的身份，可是他不愿意，虽然“中天下而立，定四海之民”，然而“所性不存焉”，不能成道，不能超凡入圣，只能成一世的功业，不能成千秋万古不朽的德业。

“君子所性，虽大行不加焉，虽穷居不损焉，分定故也”，那么君子学什么？学大英雄吗？虽然做到了尧舜的境界，也并不觉得有什么了不起。另一种形态，或者去过穷困的生活，虽三餐不继，也不觉得有什么损害，这都是本分上的事。能够安本分的人，就是天下大英雄，英雄可以当帝王，亦可以当乞丐。当帝王对他不会增加一点点什么，当乞丐也丝毫损害不了他什么，该如何处便如何。

接着孟子继续讲到修行，这里从养身开始，前面从尽心而后知性，知性以后修命，修命以后，到这里是修身。儒家与佛家不同，完全在入世的做人做事上，把道修成，然后可以“大行不加”，“穷居不损”。

他说真正的修行，是从心理行为修起，动心忍性，起心动念之间，都合于“仁、义、礼、智”，就是至善。那么

"根于心"，内心的修行够了，"其生色也"，然后奇经八脉、十二经脉都通了。"睟然见于面，盎于背，施于四体"，然后脸上的气色也不同，有光华了，气很充盈畅达四肢，形体端正，不弯腰驼背，身心舒畅、轻灵、怡悦。"四体不言而喻"，一个有道之士，一眼望去，身影自然与众不同，精神灌透，气沉丹田，含胸拔背，有一种慈和祥瑞，潇洒飘逸的丰采气质，像是神仙中人。

这是孟子一生修养的经验之谈，也是他学问修养实践的自白，照一般世俗的观念，就是他修道的真工夫。孟子从动心忍性开始，然后说到性善，讲到做人做事行为。不过儒家和佛家不同，儒家动辄就与实际的从政连起来，因为古代的知识分子，出来第一步自然就与政治产生关连，所以是由行为，再讲到修行的成就。

因此孟子说修行成功了，有定力，便"君子所性，仁义礼智根于心；其生色也，睟然见于面，盎于背，施于四体，四体不言而喻"。其实不管佛家或儒家，都是如此，所以青年人要想学道，求得气脉通的，先要做到"尽其心者，知其性也"。明心见性以后修持，气脉自然通，否则，要从心理行为上，改进自己，在起心动念间，念念都在至善，气脉也自然就通了。这是孟子实际的经验，他不会欺骗我们的。

孟子有关心性、体用的修养，至此大致已告一段落，他由基本原则，谈到实际工夫。所谓仁、义、礼、智是根于心，由心理行为开始，修养到"睟然见于面，盎于背，施于四体，四体不言而喻"的境界。这也是先"穷理、尽性以至于命"，检查心理行为的修养，工夫到家时，生理自然有了转变，同时也能彻底明了心性体用的道理。

然后讲到起心动念，做人做事的道理，见之于外的行为，成为道德的准则，也成为社会群体的政治伦理。于是孟子举出伯夷的一段事。

养老与全民福利

孟子曰："伯夷辟纣，居北海之滨，闻文王作兴。曰：'盍归乎来，吾闻西伯善养老者。'太公辟纣，居东海之滨，闻文王作兴。曰：'盍归乎来，吾闻西伯善养老者。'天下有善养老，则仁人以为己归矣。五亩之宅，树墙下以桑，匹妇蚕之，则老者足以衣帛矣。五母鸡，二母彘，无失其时，老者足以无失肉矣。百亩之田，匹夫耕之，八口之家足以无饥矣。所谓西伯善养老者，制其田里，教之树畜；导其妻子，使养其老。五十非帛不暖，七十非肉不饱；不暖不饱，谓之冻馁。文王之民，无冻馁之老者，此之谓也。"

伯夷是殷商朝代的宗亲，当时对于诸侯们反对纣王暴戾政治之事，伯夷也没有办法，只好避世，退避到现在辽东地区。后来听说文王在岐山实行仁政，很高兴，兴奋地说：应该回去了，因为听见西伯"善养老者"。在伯夷那个时候，文王的爵位还是伯，分封在西岐的，所以伯夷称他为"西伯"。而孟子是战国时代的人，周朝立国已经几百年了，文王的谥号也已经尊称几百年了，所以孟子的口中，尊称当时的西伯为"文王"。

伯夷为什么听见文王“善养老者”，就会想来归呢？其实，在古文所谓“养老”这个名词的内涵，代表了当时农业经济社会的稳固，把“幼有所养，老有所归”的社会福利事业，做得都很完备。中国传统素来对于人民的养生送死，看得很重要，这也是我们中国政治思想上的一个重要特点。养老该怎么养？例如现在台湾，老人福利机构的设立，对于老人的生活，都有照顾，重阳有敬老的活动，老人疾病免费优待治疗，公交车免费，以及鳏寡孤独的老人都有所赡养，这是现代社会福利思想的进步措施。

古人所谓的老，并不一定专指年龄高的老人，有时候是代表学问、道德、修养高的人。如国之大老、老臣、老师等等，不一定是年龄很高，这是“老”字的另一意义。

“善养老”则代表了社会经济的富庶、安定，因为一个时代的变乱，首先遭难的就是老、弱、妇、孺。所以当社会安定了，依据我们中国文化的传统精神，大同思想的“老吾老，以及人之老；幼吾幼，以及人之幼”的原则，首先应该照顾的，也就是老、弱、妇、孺。所以“善养老”这三个字的意义，包括了现代所谓富强康乐的太平社会。当我们读到这里的“善养老”时，不要以为只是好好地养老人，这个观念必须要弄清楚。

因为文王当时在西岐，能够做到国泰民安，所以伯夷这些人，都愿意来归附他了。

孟子提出来第二个人太公，就是吕望。因为他姓姜，在助武王伐纣成功后，封为太公，后世便尊称他为姜太公。前面说过他的故事，他遇见文王以前，也是反对纣王暴政的，所以避到东海边上去住。

“太公辟纣”，“辟”字与开辟的“辟”字同音义；在《孟子》这里，则是“避”的意思。有时“辟”字单独用，如《易经》中有十二个卦合起来，名为“十二辟卦”，代表了十二地支，一日的十二个时辰，一年十二个月的阴阳气候。“辟”为君卦，又有统率的含义。孟子说伯夷和太公“辟纣”，就是孔子在《论语》中说的“贤者辟世，其次辟地”。古代遇上动乱苦难的时代，很多人“辟世”，就是隐避的意思。在印度的习惯，就是出家入山；在中国的习惯，就是当隐士，脱离这个尘世的社会；再其次不能出世的，就只好“辟地”，避开这个动乱的地区。这里孟子提出来，在殷商纣王的时代，这两位高士贤人，都“辟地”去了。后来因为文王兴起了善政、仁政，所以他们二人都回到文王这里来了。

孟子举了这两个人的例子后，结论说：任何一个时代、社会、地区、国家，在行仁政的时候，国泰民安，所以人心归向，仁人、圣人也都来了。

孟子在他的七章书中，经常说到这些人，说到这些事。现在的这一段话，是孟子在晚年时候说的，也代表了他晚年的一种政治哲学的心理。

他又说：一个人家，有五亩的土地种植，在房屋的外面种些桑树，主妇用桑叶来养蚕、缫丝、织布，这样生产下来，家里的老年人，就可以有丝棉袄穿了。当然，现代人只要拿几百块钱，就可以买一件假皮衣来穿，也很暖和，可以过冬，不需要自己栽桑养蚕。可是，在那个时代不可能如此。在农业社会，只有用棉花，或丝棉做的冬衣，穿了才不会冻死。

他又说，一个家庭中，只要有五只母鸡、两只小猪，每天按时按量去饲养，注意生蛋、孵小鸡的时间，就可以有肉吃了，营养也够了。假定有百亩之田耕种，那么八口之家，人人都可以吃饱了。

我们读战国时代的古书，有两个要点。第一是，如果以现代人的立场去了解古代，那是大错。第二，我常说，以台北市民的立场去了解天下大事，全错。假如我们以现代台北市的立场，去看孟子所说千百年以前的社会，那就错上加错，错得一塌糊涂了。

我们不要忘记，从春秋到战国这一段时间，三百多年都在战乱中。虽然周朝之初，表面是统一了，实际上是地方分治的状态。在这种情势下，言语、文字、交通、经济都没有统一；分封的几百个大小诸侯，相互侵占吞并，以大吃小。到了孟子的时代，只剩了七个大国，所谓战国七雄，也都是以非法手段，强权战胜公理而形成的。结果民穷财尽，不但经济崩溃，人口稀少，做父母的，费了几十年的心血，培养出来的子弟，一次战役就牺牲了。说不定一批优秀的人才，在一次战争中，几分钟就报销了，再培养一批人才，又要百年的时间。接连的战争，造成人口稀少，土地荒芜，农业衰落，工业当然不发达，商业更谈不上。再看历史上其他的动乱时期，如南北朝的战争，五胡乱华，五代十国的战争，结果像理发一样，大地剃光了头，战争之后的悲惨情况，是一片荒凉，惨不忍睹。

有了这个了解，才知道孟子不是小器，把五只母鸡，两只小猪，都看作宝贝一样成了财产；实在因为在战乱之中，想吃一个鸡蛋，也不容易，不像现在，我们可以尽量挥霍、浪费。

孟子说，文王当年，也是经过那样一个乱世，民穷财尽，命不如鸡犬。像我也曾亲身经历过这种战乱，深深体会到古人所说“宁作太平鸡犬，勿作乱世人民”这句话的况味，真是做人不如做鸡犬来得舒服自在。这是现在青年做梦也想象不到的。到了这种时候，正如苏东坡坐牢时的诗“魂惊汤火命如鸡”。

可是在西伯（文王）这里，却能善于养老，怎样养老呢？“制其田里”，就是平均地权。这也是周朝以后，好几代历史都想做好的。如汉王莽、宋王安石以及明朝张居正当政的一代，都想做到而都告失败。可是现在我们在台湾已经做成功了，三七五减租，公地放领，耕者有其田，以迄于土地重划，还有农村再扩及都市平均地权的土地政策等等。在文王当时也做到了，而且教导每一个国民，发展农牧，在家庭中教导妻子和子女，能够孝养父母老人。

关于孝养父母，那是中华文化几千年来的特点，但也不要以为西方人绝对不管父母，只是中西制度两样。西方人的父母，想到儿女家去，要先得到儿女的同意；做儿女的，于方便时接待，接待多久，也诚恳地告诉父母。这在我们中国人看来，很不以为然。西方的文化基础是建立在个人主义上，父母在年轻时，对上一代也是如此，成了习惯，大家都能坦诚相处。中国的情形，如果兄弟多人已经分家，父母要到某儿子家去，儿子媳妇表面热烈欢迎，心里却在嘀咕。所以中西两种形态，各有长短利弊。尤其是养老问题，儿女孝养本是应该，但很难做好。尤其现代工商社会下的小家庭制度，儿子结婚以后，等于“嫁”出去一个儿子，孝养他的岳父岳母去了。所以文王是教全体国民，要“导其妻子，使养其老”。透过这一句话，我们可以了解一个家庭问题，要孝养父母的话，夫妻之间的教育和沟通，是一个严重的大问题，不要轻易放过。另一面也可看到文王当时，对于社会教育、家庭教育，都做得很成功。

所以我深深感觉到，长久以来大家所讨论的所谓青少年问题，并不是问题，我们在青少年时，也是一样。青少年就是这个样子，硬把他们看成一个问题，而为社会、学校加上一个责任，这是不对的。青少年如果有些行为不大正常，那是家庭教育问题，而家庭教育如果说有问题，那是家长需要再教育。我觉得老年人倒是有问题，对这一代青少年，我们老一代的人应该挑起责任来，不要完全责备年轻人。

不过年轻人听了我这个意见，也不可自以为一切责任都在上一代，自己一点问题都没有了。站在做子弟的立场，问题大得很，至少不听长辈的指导，不接受父母师长的教训，轻视上一代的经验等等，这许许多多，都还是青少年的责任。如何继往开来，发展新的文化，开创新的历史，这些都是青少年的大问题。现在所担心的，并不是过去，而是未来的文化教育。实在讲，目前这一代青少年，文化无根，自己没有建立好文化的基础，将来如何去开创？万一根都留不住，中间断了线，那就惨了，这就是今日青少年的责任。

“五十非帛不暖，七十非肉不饱”，这是孟子说有关生命温饱的两句话，一直到民国初年都还很流行。这是根据中原一带的气候环境来说的。人到了五十岁以后，冬天不穿棉衣，身上就不会暖和。到了黄河以北，冬天非穿皮衣不可，没有羊皮，也要穿猫皮，否则冷得受不了。再往北到了东北，那就更冷了。在南方像云南、广东、台湾等地，气候容易适应，尤其云南“四季无寒暑，一雨便成秋”，一年四季都是如此。昆明的青年到北方读书深造，往往读了一学期又回到老家，原因是气候没有昆明舒服，他们受不了。不过，孟子说的，好的社会，好的食物，好的气候，会养成“子弟多赖”。

“七十非肉不饱”这句话，在现代来说，似乎也不适用了。医生劝年纪大的人少吃肉，担心胆固醇增加，会引起血管硬化。可是现代医学所说的话，不必太迷信，因为自然科学是天天在推翻旧理论的，是不定的。所以孟子告诉我们，人老了，还是需要足够的营养，足够的温暖。

他说，假如一个社会中的人穿不暖，吃不饱，生活在饥寒困苦中，那么这个社会就不成其为社会，不成其为国家了。而西伯（文王）所治理的地区，可以做到“无冻馁之老者”，就是说，他治理下的社会是安定的，因为他的政治、教育、内政、经济等等，制度都很健全。

由此我们也可以看出，中国的文化，自大禹王治水以后，几千年来，一直是农业社会的文化。农业社会是爱好自然的，喜欢歌颂田园之乐，任何时代，任何角落，都充满这种思想观念与文学作品。很多做官的人，到了相当时期，请求退休回家，享受所谓“归田之乐”，可见中国这个民族，非常欣赏自然。

其实也不尽然。假使作一次民意调查，青年们如果要享受田园之乐，那是偶然到乡下玩玩而已。如果真的长住下去，除非是乡村都市化，水电俱全，有一切的设备。古人说“穷居乡，富居市”，穷了住到乡下去，有钱就要住到城市去。不过，现代工商业社会，物质文明发达，就反过来了，变成“富居乡，穷居市”。美国就是如此，像纽约市的大老板们，下班就开车到乡下别墅去了，离都市很远很远。晚上留在纽约市的穷人较多，楼梯下，亭子间，都可以住。工业社会与农业社会是相反的，所以孟子描写的，是当时文王治理下的农村安乐境界。

孟子这里所说“五鸡二豕”的境界，今日在台湾长大的青年，因为没有经历过动乱苦难的时代，就看不出《孟子》这段文章背面的意义，历史变化的背景是非常悲惨的，此其一。

其次要了解，当时连五只母鸡、两只小猪的享受都没有，那种贫穷落后、痛苦生活的煎熬，真是有难言之痛。所以圣人们要出来救世、救人，就在这个时候发愿；并不是打坐、念佛可以解决问题，这是要起而行之的。但历史上也有鼎盛的时代，像宋代的《清明上河图》所描写的，就是那种富强康乐的社会；清代小说《红楼梦》，描写清初社会的太平景象，吃喝玩乐、打牙牌等等。现在赌场中用来巨赌的牌九，就是以前闺房中玩乐的牙牌发展出来的。至于现在流行到西方的麻将牌，传说就是宋代的女词人李清照发明的。

太平盛世的人心、思想与这种生活态度与方式，慢慢影响社会人心，道德渐趋堕落，社会逐渐混乱，最后发生战争，造成社会的贫穷。不但中国历史如此，世界人类也是如此，一般人称之为循环，佛学上就称之为轮回。

战国时，老百姓都在“望治”，希望社会的安定、行政的治平，人民能安乐，国家能富强。但富强康乐久了，人心就思变，变久则乱，乱久就惨了。惨痛以后，再回复到望治，而后得太平，人类社会就是永远这样轮回。在政治哲学上看，孔孟所希望的安定，应该是大同思想那样；如果以历史哲学来看，人类的历史苦难，可以说是活该。所以仅仅靠外在的社会、政治、经济制度，使天下一切众生得太平，是做不到的，因人心不能平静。一个有钱的家庭，在夫妇、婆媳、兄弟之间，都会闹出纠纷，这是社会上常看到的。最大的毛病是有钱，被钱害了；如果没有钱也就无事可闹了，可见金钱为害之大。家庭如此，社会也是这样，所以孟子说“富岁子弟多赖，凶岁子弟多暴”，我们透过这段书，就可以了解历史哲学的一个道理。

西方文化有一项专门的学问，叫做历史哲学，大家认为这门学问极为深奥，能到外国读一个历史哲学的博士学位，那是不得了的事。但我常劝青年们不必去学这门课程，因为《三国演义》上的“话说天下大势，合久必分，分久必合”这两句话，把人类的历史哲学说尽了。在外国研究的话，扯上一大堆苏格拉底怎么说，孔子怎么说，啰啰唆唆，抄上许多参考书，结果，还是超越不了“合久必分，分久必合”的范围。其实，逻辑、辩证，都在这两句话中了。

传统农业税的问题

孟子曰："易其田畴，薄其税敛，民可使富也。食之以时，用之以礼，财不可胜用也。民非水火不生活，昏暮叩人之门户，求水火，无弗与者；至足矣。圣人治天下，使有菽粟如水火；菽粟如水火，而民焉有不仁者乎！"

孟子这一段话，让我们知道战国时代的社会经济背景，尤其是内政与财经上的问题。

春秋战国的时候，诸侯分治，各据一方，土地都没有规划清楚。孟子一直主张，应该把土地丈量规划清楚，并做公平的分配，所以说"易其田畴"。

那时，诸侯各国的财政，甚至于战争的军费，都是靠农田赋税的收入，由于大量的征收，使得老百姓饭都吃不上了，所以孟子一直主张"薄其税敛"。事实上，中国历代，对这个问题都很重视。在一部二十四史中，大臣们提出来的，几乎全部都是有关田赋税捐的问题，有时候与皇帝诤议得非常激烈。因为以农立国，没有经济生产事业，没有大规模的民营工业生产与商业，政府一切财政上的收入，全靠田赋的征收。所以孟子说，划分土地，减少田赋的征收，就可以使每个家庭富裕起来。

透过这几句话，就可以看到两千多年前，尤其在孟子这个时代，家家都穷，那是一个民穷财尽的时代。所以孟子说，只要减少赋税，老百姓就会富裕起来。

他主张，在财政上，对于老百姓，要让他们吃得饱，过得去。“食之以时”，农业社会，将近半年时间，没有收成，到了冬季，要给百姓粮食，直到新谷收割为止。如果只知在他们生产的时候去征赋税，而在青黄不接的时候一概不理，还要百姓去服劳役，服兵役，那怎么可以呢？所以使用民力，也要合于礼制，合乎道理，这样国家的财经，就不会有问题了。

孟子的意思是说，国家的财政，并不是很难处理，只要有长远的眼光，照这个原则去做，没有处理不好的，只是当政的人没有用心去做罢了。用现代术语来说，就是当政者只知道“杀鸡取卵”，不知道“藏富于民”，培养财源。他举例说，人的生活需要阳光、空气、水，当时的阳光、空气两样，也是形而下的“百姓日用而不知”，所以孟子举出形相上可见的水火两样，是老百姓每日不可少的必需品。

关于水与火，在中国的原始文化中，没有文字之前，是用坎☵、离☲这两个卦来表征。坎卦代表水，离卦代表火；坎也表征了月亮、阴，离卦也表征了太阳、阳。佛家的四大——地、水、火、风，其中地即地球，也包括了一切固体的矿物质。风即是空气，流动得快速时则成风。其实我们说“今日一点风也没有”这句话，不是绝对的，只不过空气流动得极其缓慢而已，所以风就是气流。地与风是片刻不会离开人类的，至少在非常长远的时间内不会片刻断绝，可是人类生活最需要的，却是随时会断绝的水火。无火种的日子就不易取火，在沙漠地方就缺水；而《易经》的道理，万物生于水火，亦毁于水火。例如盖了一幢房子，尽管不曾经过丝毫人力的破坏，但在三五十年以后，经过太阳的曝晒、湿气的霉腐，就逐渐朽坏了。所以研究哲学与科学，坎离两卦，就是一个大问题。

在古代，水火是人类生存的基本条件。孟子说，尽管在半夜去叫开别人的门，要求借一点水或火，被叫醒的人也一定会很同情，很慷慨，毫不考虑地会将水、火给人。这是因为水、火这两样东西，是家家都不可缺少的。

他说，人吃得饱，穿得暖，就和水火充足一样，那就是《易经》的水火既济卦了。仁政的第一步，是自己经常都有多余的，如水火一样充足，自然愿意分润给别人，这样就没有不仁的百姓了。

孟子这一段，都是讲外用，就是心性的修养与表现于外用的道理相配合。

孔子登山　孟子观水

> 孟子曰："孔子登东山而小鲁，登泰山而小天下。故观于海者难为水，游于圣人之门者难为言。观水有术，必观其澜；日月有明，容光必照焉。流水之为物也，不盈科不行；君子之志于道也，不成章不达。"

孟子最后表达他自己的意思，这些都是他议论的文章。

他说：孔子当年出了鲁国的东门，登上一座小山，在山顶上回头看鲁国的首都，不过如此。等于我们现在坐在房屋里面，觉得自己很伟大，但爬到观音山顶，回头一看台北，一片乌烟瘴气，高楼大厦如火柴盒，小得如模型，儿童玩具一样。如果到高空一看，天下都小了；升到太空，地球也小了。所以孔子再登泰山，就把天地也看小了。因此看过大海的人，对于小的水，也觉得没有什么了不起。

上面的东山、泰山、海，都是陪衬的话，重点在于“游于圣人之门者难为言”，这里的圣人是指尧、舜、禹、汤、文、武、周公、孔子等历代的圣人。在圣人的门下，真正能学而有成的，就很难讲了。“难为言”就等于佛家的“不可思议”，就是太伟大了，无法表达。这和学佛一样，先要有正见，正确的见解，才能够修行，科学也是要先把理论弄清楚，才做实验。学问、做人也是如此，眼光不够远大，做起来会错的。

他继续说到观水之术，在一个参究性命心性之学的人看起来，好像没有什么味道，因为讲的是入世之道；实际上他讲的是“大行”，是与入世法、出世法都有关的。

他说我们游山玩水，看水是有方法的，这个方法，不经孟子说出，我们都不会仔细留意。他说观水“必观其澜”，要看它的波澜起伏，有时是波涛汹涌的大浪，有时是水波荡漾的小浪，尤其在阳光、月光下观看起伏的波浪，七彩的光色反映眼前，把水的美丽容光都照出来了。

看了孟子的话，如果就到碧潭边上，或打一盆水在阳光下，用风扇吹起微波，看到水面的七彩映光，就以为懂得了孟子的看水，那也是错了。他的意思是说，看水要懂得水是永远活泼泼的，我们人的心性修养，也不是呆板的，如果修得楞眉楞眼死板板的，就算是修道，也是错的。因为此心是活泼泼的，天机也是活泼泼的。

我记得年轻时，与一位有道的老前辈，在西湖边上漫步，一路上柳绿花红，非常美丽，一边观赏风景，一边请他传一点道。他说：你这年轻人，怎么问这些？你不正忙着看花么？你懂得看花吗？我说懂呀！这是桃花，这是杨柳，这是杜鹃……他却说，年轻人就是年轻人，你根本不会看花，这样把眼睛都给看坏了。我问他看花还有秘诀吗？他说有啊！一听到秘诀，我精神来了，就追问下去。他说看花要看花的精神，是看一株一株的花，开得多活泼！你们看花，精神都被花吸走了；有道的人看花，把花的精神吸收来了，心目中就充满神光了。所以我听了这个话，几十年来，看花、看书，始终记着老前辈说的，把书的言语文字的精义融会于心。大家看书，都把精神付出在纸面文字上，看风景，看流水，都是如此这般。现在大家都看电视，我告诉年轻人，要半闭着眼看，放松心情，如在梦中一样看，把影像吸过来，才不害眼伤神。一般人看电视，把全副精神都投射到那块玻璃上，瞪大了眼睛，神光暴露，自己的思想情绪，被那假的影像所转移，有时还不知不觉地大喊大叫，拍案捶胸，又哭又笑。

孟子告诉我们看水，要看波澜，看那个活泼泼的精神，把它吸收过来，体会于心，也是活泼泼的。其次他告诉我们水性是“不盈科不行”，上游流下来的水，流到堤防前停下来了，一定要等到“盈科”——满了，高出了堤面，才又流了出去。这是孟子告诉我们修养的秘诀，“不盈科不行”。要想学道，则“不成章不达”，自己不参透学理，永远不会通达。有的人学道，做了几天静坐的工夫，就想开悟，那是死水一潭，理事不能融通；做人做事也是这样，不充实、不圆满不行，要充实、圆满以后，才能得成果。

孟子前面说天下大事，怎么突然又说到个人修养上来了？他这是告诉我们，当官也好，教书也好，经商也好，做人也好，先求充实自己，“不盈科不行”，“不成章不达”，天下事没便宜好占的。人都是偷心不死，爱占便宜，尤其学佛学道的人，希望老师传一个秘诀，明天就得神通，天下哪有这样的事！所以要“盈科而行，成章而达”，这是不可磨灭的真理，自己不充实而想成功，那是不可能的。

王与贼　自利与利他

孟子曰：“鸡鸣而起，孳孳为善者，舜之徒也；鸡鸣而起，孳孳为利者，跖之徒也。欲知舜与跖之分，无他，利与善之间也。”

全部《孟子》，始终在辩的，无非是义利之间。利并不完全代表金钱，利就是自私，人人都在追求有益于自己的，现实可见的好处，那就是利。这是孟子说明人的心理。

天还没有亮，听到鸡叫就起床了，自己第一念就想今天要做什么善事，有利于人，这种人就是尧舜一流的人物，属于走圣人路线的。例如信宗教的人，一醒来起床就在祈祷，准备一日的行善。另一种人，也是鸡鸣即起，但他们所注意的，是“为利”的，专想去赚钱，其实也很辛苦。孟子说，这种“孳孳为利”的是“跖之徒”。“跖”是古代一个盗帅，他是柳下惠的弟弟，但是连柳下惠、孔子对他都没有办法。孔子劝告他，他和孔子辩论说盗亦有道，说出一大堆仁、义、礼、智、信的最高道德哲学，这典故出在《庄子》的杂篇。其实孟子指出人性都有良知良能的善心，同时也有盗心，为了求利，都在设法圈套人，要把别人口袋里的钱，哄到自己的口袋里来，而且使别人很高兴地自动把钱送来，这就是“商道”。其实真正的商道，也就是大盗的大学问、大道理，也就是孟子所说的“跖之徒”。那种硬将别人的钱赚到自己口袋中的，已经很低了，已经是不入流的小盗了，是被盗跖淘汰下来的无道之盗。所以在孟子、庄子的眼中看来，全世界大多数的人，都是盗跖的行为。

他说圣人与强盗的分别，一个是“为善”，一个是“为利”。强盗哲学就是自私，只有为己、占有，这就是强盗心理；圣人则所作所为，都是为利他而付出，差别就在这里。理论上说起来很容易，可是行为上做起来非常难。佛学上“盗”是五大根本戒律之一，不可以犯盗戒。佛学上真正的戒律，凡是“不与取”就是盗。也就是说，没有得到别人同意给你的，都是盗窃的行为。依照佛家这个戒律，我们天天都在犯盗戒。例如路上一个遗失物，守佛家盗戒的人，连看也不看一眼，这东西属于路，不属于我，如果看一眼，心念一动：“谁遗失的?”这就已经犯了戒，动了贪心。如果要拾起来，最好交到公家招领，超过了法定期限没有人领，那就归于公有。依照此理严格地检讨，人生随时都可能犯盗戒，惟有享受“江上之清风，山间之明月”，才不算犯戒。

孟子这里所讲的“跖之徒”，虽然没有像佛家说得那么明显和详细，但含义与佛家所说行为上的盗，与内在意识的贪是同一个作用，只是表达的方式不同。他主张走圣人之道，告诫我们要“鸡鸣而起，孳孳为善”，自己的思想、心理行为，念念在做好人、做善事，才可以够得上读圣人书，学圣人之道，走圣人之路。如果“鸡鸣而起，孳孳为利”，也可以，不过孟子的定义则是“跖之徒也”，那就是大盗之道了。圣人与大盗的差别，就在义利之间。

他从人生修养，说到义利之间，然后在下面作了结论。

孟子曰：“杨子取为我，拔一毛而利天下，不为也。墨子兼爱，摩顶放踵利天下，为之。子莫执中，执中为近之；执中无权，犹执一也。所恶执一者，为其贼道也，举一而废百也。”

《孟子》在上篇中已经说过，他举出大家讨论的杨朱与墨翟这两家的思想理论。杨朱的哲学思想，古人说是为己的，是绝对的个人自由主义，天下人人都为自己，每人都为自己好好生活，好好生存。但是“拔一毛而利天下，不为也”这句话，是反对杨朱观点的人所说的，是指摘他而说的话。其实杨朱自己的理论是不是这样？也许差不多是这样，不过孟子引用这句话，加重了语气。我们突然一听，觉得这个学说理论很糟糕，可是要知道，西方哲学的自由主义，也是很容易走上杨朱的思想路线，所谓“拔一毛而利天下，不为也”的偏差，个个为我。例如现在的美国人，父母到儿子那里，也要事先得到儿子与媳妇的同意，不扰乱他们的生活规律，各人有各人的自由。杨朱的思想是：你的是你的，我的是我的，彼此互相尊重，互不妨碍。我不愿拔一毛而利天下，同时也不要你及他人拔一毛而利我，各人管好自己的生存与生活。但是现在大家把西方的自由主义，误解为杨朱的“拔一毛而利天下，不为也”，实际上并不是如此。

事实上，西方的自由，是个人绝对的自由，个人自由发展的结果，就产生了政治制度的民主。一件事情，各人提出为己的主张，经过讨论，就有了少数服从多数的民主精神。

所以讲到中国哲学史，翻开春秋战国时代诸子百家的学说加以研究，今日西方的任何新思想，在几千年前，我们的老祖宗早已经提出过了。只可惜大家不读自己的书，所以就不知道了。假使有人，化妆一双蓝眼睛，装一个高鼻子，头发染黄，把这些话告诉大家，大家就都相信了。

此外与杨朱相反的是墨子一派的思想，主张“兼爱”天下人，个人的生活简朴清苦，不奢侈豪华，安贫乐道，一生从事利他活动，为弱小穷苦的人群服务。我有一位老友曾说过：“忘身为人谋，有危即奔赴，爱人如爱己，有力即相助。”墨子本人，经常光着头赤着脚，都在为他人的利益辛勤奔走，很像后世佛教的苦行僧。例如有一次楚国与宋国要打仗，墨子就跑去劝两边人不可打，终于把一场大战消弭于无形，使人免遭伤亡于战火之中。

墨子的精神，是专门把人家的棺材抬到自己家里来哭的，我爱自己的亲人，亦爱天下人。天下人的父母，也就是我的父母，天下人的儿女，也就是我的儿女。墨子的“兼爱”，等于佛家大乘的菩萨道的思想，是以无我的精神，积极行布施，做利己利人的事业；杨朱的思想等于佛家的小乘思想，看起来是自利的，实际上，佛家的小乘道也是以慈悲喜舍为前提的。

在孟子以前，因为时代的动乱，社会的贫困，人们的精神痛苦极了，于是这两家的思想，就被当时一般社会欢迎接受了。所以孟子曾感慨地说："天下之言，不归于杨，即归于墨。"

关于墨子学术的内涵很多，除了"兼爱"，还有"尚同、尚贤"，主张平等，起用贤人为政；以及"薄葬"。墨子严重反对传统注重的厚葬之礼，这也是非常有道理的。因为中国上古传统注重厚葬，所以造成几千年来盗墓的流弊。而且墨家在战国时，就有类似后世社会群众的组织，各国修奉墨子之道的分支组织头目，就叫做"巨子"，为中下社会的中坚份子，影响很大。因此自战国以后，成为中国学术儒、墨、道三大主流之一。这些内容讲起来很多，现在不是专门讲述墨家思想，到此暂告一段落。

关于"子莫执中"

讲到这里，孟子在原文里提出来"子莫执中"一句话，非常含糊，我觉得是很有问题的。不过据古人的注释，子莫是个人名，另有其人，他主张"执中"。古人虽是这样注释，在杨朱、墨翟两派严峙的矛盾之间，好像另有一派，就是子莫，主张调和论，提出一个"执中"，处理这两派之间的问题。这段话，现在姑且照古人相传的注释，先做原文的解说，不另作讨论，以后有机会专门讨论"子莫执中"这个问题。

当时另外这个名叫子莫的学者，他的主张是"执中"，执中是儒家的思想，认为人是天生的自私。但是也绝对有慈悲善良的一面。例如《易经》的道理，太极分阴阳两面，人有阴暗的一面，也有光明的一面，姑且把阳作为善的代号，阴作为恶的代号；人性也俱有兽性的内涵。他这一家的思想要“执中”，两个极端要调和，所以要给人保持部分的自私。因为叫人毫无自私，要天下为公，是做不到的，只可以有限度地为公。同样绝对的自私也是做不到的，不可能的，因此他主张“执中”，要调和、均衡。

以前关于做人的修养、学问的道理、政治的策划、社会的制度，都讲究“执中”；“执中为近之”，就是接近“道”了。但是“执中无权，犹执一也”，所以“执中”要有“权”，就是权衡、权变，像一个天秤一样，一定要秤锤，没有秤锤，就分不出轻重，就无法平衡。所以处理事务，要随着时间、空间机动地变更，否则等于秤锤挂在固定的位置，不随秤钩上东西的增减而移动，那就是执着，执着就成为偏见，就是“执一”。

所以说“恶执一者，为其贼道也，举一而废百也”，这是孟子最后的结论。孟子从“仁义礼智根于心”的道德修养，心理行为，而讲到政治、经济、社会、个人修养。他最反对的是执着，一执着就妨碍道了。所以，如果读“四书”，认为孔孟之学，不通于形而上道，那是大错而特错的，因为孔孟走的是入世道。他在这里就指出，“恶执一者，为其贼道也”，执一就成了贼道，所以不要有任何执着，有执着就妨碍了道。为什么执着会妨碍道业？“举一而废百也”，一有执着就犯了逻辑上以偏概全的过失，死抓住一点，其他都看不见，结果都成为偏见了。

成功与成名不同

孟子曰："饥者甘食，渴者甘饮；是未得饮食之正也，饥渴害之也。岂惟口腹有饥渴之害，人心亦皆有害。人能无以饥渴之害为心害，则不及人不为忧矣。"

孟子曰："柳下惠不以三公易其介。"

孟子曰："有为者，辟若掘井。掘井九轫而不及泉，犹为弃井也。"

孟子这里说"饥者甘食，渴者甘饮"，人在肚子饿的时候，任何东西都觉得好吃；口干极了，喝什么都好喝。也就是孟子曾对公孙丑说过的"饥者易为食，渴者易为饮"，这些话已经变成平常惯用的成语了，大家都有这个经验。

唐代有一个故事，当时高丽有一个高僧，到中国来学禅，乘船到中国上岸后，天黑进入山中，迷了路，就在山中随便找一个地方坐下。半夜口渴得很，顺手摸到身旁有个碗之类的东西，其中有水，就端起来一口气喝了下去。心中想，这真是菩萨保佑，赐给我这样好的甘露。天亮后回头一看，原来是一个死人的天灵盖骨，仰放在那里，不知经过了多少时间，存积了雨水，被他喝下去了。他越想越难过，肚子越觉得不舒服，突然"哇"一声，就呕吐出来了。可是当他恶心呕吐的时候，忽然大彻大悟了，悟到"一切惟心造"。昨夜喝来有如甘露的污水，经过了几个小时，本来无事，但一经发觉是死人髑髅贮水，心里生起极为厌恶之心，竟然还是吐出许多苦水来。当黑夜中喝时之喜爱、满足、赞美，与吐出时之厌恶与痛苦，两种绝对不同之感受，都是一念唯心所造，自性本空，了不可得。

孟子在这里说，“饥者甘食，渴者甘饮”，人在极度饥渴时，吃喝什么都好，但这并不是“饮食之正”，不是饮食的正味，因为有许多心理上的反应，是自我主观慰藉自己的情绪加上去，才会造成味觉的不同。而所吃所喝的东西，本身的味道，并无意识，味道的好坏是个人唯心的感受，所以是饥渴妨害了“饮食之正”，造成了这个假象。

但孟子这个比喻，值得考虑了。假如说一定要怎样的味才算是“正”的，就碰到一个问题，等于人类的善恶是非的绝对标准，下不了定论。同样一个菜，喜欢吃咸的人觉得太淡了；喜欢吃淡的人，觉得太咸了。共同吃这个菜的人们，以谁的口味为标准算是“正”味呢？并无标准。本来饮食的感受，就没有绝对的；气候冷暖的感受也是如此，没有绝对的标准。如果在医学、哲学、自然科学来讨论，孟子这个比喻，又在许多方面有值得研究的问题了。但是他的重点不在这里，不必从这上面“鸡蛋里挑骨头”地挑剔。

孟子是以“饥渴之害”为例，说到我们人的心理，不要像饥渴影响我们口腹那样，妨害我们的正知。“岂惟口腹有饥渴之害，人心亦皆有害。”他进一步说，何止口腹有饥渴的害处，人的心中也随时都有为害的东西；“人能无以饥渴之害为心害，则不及人不为忧矣”，一个人的心性，能够不受饥与渴的妨害，不受生理的、情绪的、主观的影响，而对一切事情有特别的正知，那么即使生活条件不如人，也可以高枕无忧，心理既没有烦恼，也比较平和。

孟子这段话，实际上是接着上文杨、墨两家的思想所说的，是指出这些思想，不是绝对的不对，都有他们的偏执与理论根据，但却不是全面的。任何西方的、东方的，世界上任何学说，都有他主观的道理，但只是一面的偏见，就是执一。执着了一面，便认为是真理，而否定了其他，这就是以偏概全。

还有，就是听别人的学说，或听别人的话，觉得很对，其实不一定是对的。只因为别人这个思想，刚好合于自己的需要或意见，于是就认为是对的。其实，这还是由于自己主观的原故。

所以这里一方面指出，对于学说思想，应该具有公正客观的态度；另一方面也指出，当时人们接受杨、墨等的思想，犹如“饥者甘食，渴者甘饮”似的，那也是一种“心害”。

接着孟子又借古圣先贤来说明，他说柳下惠这个人，非常狷介，“不以三公易其介”。绝不因任何功名、富贵、官位、环境的影响而动摇，这就是“介”。这种人坐而论道，可以指点最高政治层面的国策问题，无论处在哪种地位与立场，他的人品，始终不变；认为对的就是对的，不对就是不对，绝不随便有所将就。

孟子在这里，引用柳下惠以独立不倚超然的人品处世，是说明一个人的为人处事，必须要有自己的抱负、目的、人生观，而且坚定不移，始终不变。孟子又说：“有为者，辟若掘井。掘井九轫而不及泉，犹为弃井也。”一个有作为的人，一生做人处世，建立了正确的人生观，就要坚持到底，一以贯之，不可以见异思迁。犹如挖井一般，不可以挖了九成，因为还没有见到水，就中止不挖了，这样就前功尽弃。所以古人有两句诗说："天意怜幽草，人间重晚晴。"这是说人最怕的，就是一生坚持修养，到晚年变节，那是非常可惜的。

前清的名臣曾国藩，引用孟子这段名言，训诫他的子弟说，做人做事，如同挖井，只要是挖井，就要挖到出水为止。如果这里挖一口，没有出水，又到别处去挖，挖了一半，又不挖了，再往他处挖第三口，如此挖法，纵然挖上一百口井而挖不出水，也等于没有挖井一样。假如没有锲而不舍的精神，学问也好，修养也好，事业也好，没有一样能够成功的。

但是要知道，成功并不是成名，成功与成名，是截然不同的两件事。成名只是一时的浮面现象，成功则对后世有所贡献，永远存在。现在有一种社会现象，如果要找人做一件事，先问这人的知名度怎样，名气响不响亮。尤其找演员拍电影，要先考虑知名度高不高，可是不到几年，知名度成了"名知度"——早成过去了。

我经常引用庄子的观点对人说，一个人到了中年，哀乐的情绪已经混淆朦胧了，对事情可以看得含糊了。可是现在许多四十岁左右的中年人，连自己要做一个什么样子的人都还没有确定，这是头脑不清，并不是庄子所说中年哀乐朦胧的境界。一个人能确定了人生观，才能介然独立，有为有守，有所为，有所不为。认为该做则做，不应该则不做；可要则要，不可要则不要，这就是“有为者”。现在有些人所说的立志，常引用佛学上的语言说是“发愿”，发什么愿？自己要清楚明白，不可糊里糊涂的。

王道与霸道

孟子曰：“尧、舜，性之也；汤、武，身之也；五霸，假之也。久假而不归，恶知其非有也。”

这是孟子所说政治哲学、历史哲学中心的精神。孟子本章，从内圣之道，说到外王，都是连贯的。然后说到王道与霸道的不同，文章波澜起伏，到这里，是一个阶段。

孔子整理历史，以尧、舜、禹为圣君作起点；接着孟子以及后来的儒者，也多引述尧舜，却很少提到大禹，因为到了大禹的时候，历史有很大的变化。大禹平治洪水，把上古以来的大水灾变成大水利，建立了华夏以农立国的基础，其功不可没。但是在政治文化上，孔、孟两位夫子，对禹本身没有意见，只因禹的儿子启，立国以后，由公天下变为家天下，所以就不大提及大禹了。现在站在圣君之道，公天下的立场，则只说尧舜。圣君将政治与教化合于一身，是“政教合一”，尧、舜是以这样的精神治天下的。

因此孟子说：尧舜之所以成为圣人，是“性之也”，是合于天然自性与人性自然本有的理念，本性自然是那样的大公无私、高明、敦厚，并非是故意造作的。至于商汤与周武王，孟子认为那就不同了，是“身之也”，这是说他们是以修身立功，勉强做到了近似先圣的境界。而周文王，因为是在“性之也”与“身之也”之间，所以这里撇开了，很少提到，不过，他自然也归于圣人之列。

按照中国上古传统自然之道的历史政治哲学的看法，尧舜做到了如老子所说的立德、立功、立言，三不朽的事业。孔孟在人伦的教化上，并未切实做到立德、立功的事实，但在立言的教化方面，也可以说有其伟大的立德、立功的成就。所以中国政治哲学上说，尧、舜的政治是道德的政治，到了启建立夏朝以后就不同了，开启了法治的先机。所以从司法史的观点看，中国的刑法，最早是从“象刑”开始，仍属于道德层面。

至于所谓汤、武的革命，就更不同了，他们都是以身家世系，联系天下的安危为目的，并非如尧舜一样具有真正天下为公的精神。到了东周以后的政权，诸侯中霸权风气勃起，所谓春秋五霸如齐桓公、晋文公等次，都是如孟子所说“假之也”。所谓“假”是假借的意思，假借仁义之道，挟天子以令诸侯，达成个人与家国的霸业。

孟子又说：“久假而不归，恶知其非有也。”这真是两句很有趣的谶语。为什么说它是谶语呢？因为我们的历史，在春秋战国五霸七雄以后，虽然有了秦、汉、唐、宋、元、明、清，所谓的统一的朝代，皇帝自称天子，其实都是假借仁义的霸术，号称以传统仁义之道来统治国家，这就是孟子所感叹的“久假而不归”啊！因此从秦汉以后，历代的学者，自称为孔孟儒家忠实信徒的，都想“致尊尧舜”，都想影响每代的皇帝，希望改变他们成为尧舜一样，能有“逊国让位”的公天下的作为。正如孟子在这里所说的“恶知其非有也”，岂非是几千年来一个春秋大梦！

由此，我们看一些研究中国文化史的，经常把儒家与道家，分成两条路线。认为如老子所说的“智慧出有大伪”，又说“圣人不死，大盗不止”，说人一有了智慧，就更会作假，这些圣人不死光，那些抢天下的大盗，就会越来越多了。从表面上看起来，这好像在反对儒家所标榜圣人所说的仁义，实际上并不如此。老子是说，仁义道德是对的，可是后世的人，假借来用，并没有真心实行，就变成了历史的罪人。现在看了《孟子》这一段，则和道家老子的观念的确是相通的。

下面是关于政治哲学的问题。

历史记录的果报

公孙丑曰：“伊尹曰：‘予不狎于不顺。’放太甲于桐，民大悦。太甲贤，又反之，民大悦。贤者之为人臣也，其君不贤，则固可放与？”

孟子曰：“有伊尹之志则可，无伊尹之志则篡也。”

前面已经介绍过，伊尹是商汤的贤相，他本来是一位贤士，在夏桀当政，暴虐天下的时候，隐居不出。因见民不聊生而出，后来帮助商汤起来革命，推翻了夏朝。他是建立商朝的一个贤相，也是内圣外王一流的人物。但是汤死以后，他的儿子太甲不行，这时伊尹还在当宰相，就把这位小“皇帝”太甲，放到首都外桐这个地方，不许太甲乱跑，要他好好读书、学习、反省。这时伊尹自己就代为管理国家的事。

这在政治上，有篡位的大嫌疑，但是全国人民很高兴他这样的做法。三年后太甲改过迁善，于是伊尹又把太甲接回来执行君王的任务，自己则再退位称臣，全国人民也很高兴。

后世的周公，也与伊尹有相似的做法。武王统一天下，弟弟周公为相；武王死后，依古代制度，由武王的长子成王接位。因成王接位后不肖，周公也仿伊尹的做法，把成王移地读书、学习、反省，周公自己摄政了七年。但是周公却不如伊尹那样，能得大家谅解，当时天下就有了流言，都怀疑他准备废掉这个侄子成王，而想篡位当“皇帝”，所以唐代白居易有诗说：

赠君一法决狐疑　不用钻龟与祝蓍
试玉要烧三日满　辨材须待七年期
周公恐惧流言日　王莽谦恭未篡时
向使当初身便死　一生真伪复谁知

这首诗也是感叹人生一切的作为，须要等到最后的结果才能论定，因此古人有“盖棺论定”的说法。其实历史上有许多人许多事，我认为即使盖棺，其中的是非善恶也很难论定，只好把冤枉带进棺材里去。

现在再回转来说。孟子讲了历史哲学的一些道理之后，他的学生公孙丑，就提出伊尹放太甲这件事，来问老师说：以前太甲“不顺”，伊尹说“予不狎于不顺”，自己不能跟着这个小“皇帝”混，于是就把小“皇帝”放出去，软禁起来读书、学习、反省。当时天下人民，并不认为是伊尹不对，反而非常高兴；等到太甲改过迁善，伊尹又把他接回来当“皇帝”，天下人民，又很高兴。公孙丑说，请问一个做宰相的人，“其君不贤”，看见小“皇帝”不对，可以把他放逐出去、软禁起来吗？孟子回答说：“有伊尹之志则可，无伊尹之志则篡也。”如果有伊尹这样的胸襟，可以这样做，因为他无私，不算窃位；假定没有伊尹之志，就算篡位。孟子这两句话，成了中国政治哲学上的名言。虽没有在字面上说对与不对，可是已经说了对与不对，就是要有像伊尹一样动机与存心才可以，否则就不可以。

从这里我们想到《三国演义》中一个大家都很熟悉的故事，就是前面已经介绍过的刘备白帝城托孤的事。他对诸葛亮说：“君才十倍曹丕，必能安邦定国，终定大事。若嗣子可辅，则辅之；如其不才，君可自为成都之主。”诸葛亮听了这样的话，立即跪拜叩头，表示绝对不会这样做。后来果如他呈给刘禅的《后出师表》中所说的“鞠躬尽瘁，死而后已”，真是至死忠贞不二。

历史上的伊尹、周公、诸葛亮，都是临危受命的托孤之臣。所谓托孤，就是父亲临终前，将儿子委托别人代为监护教养。商汤将太甲托给伊尹，武王将成王托给周公，刘备将刘禅托给诸葛亮，这都是历史上托孤之臣的故事。而这种托孤，又与一般平民、朋友之间的托孤大不相同，因为所托的孤儿是担当一国的君主，受托的人是臣子。臣子见了君上，不管君上的年龄大小与好坏，依礼还是要听从君王的命令，跪下来称臣的，这就很难办了。所以刘备在托孤时，就有了“君可自取”的话，暴露出对人并非绝对信任与完全放心的潜在意识。幸亏诸葛亮有他的智慧，以及有与伊尹一样的胸襟，故能立刻表明心迹，也获得千秋万代的称赞。而商汤之于伊尹，武王之于周公，托孤之际，君臣之间的情形，就大不相同了，彼此都有高度的修养，高度的道德，都能诚信，都能推心置腹。如果以现代民主思想的政治观念来衡量，加以评论，都有隔靴搔痒的嫌疑，因为不合上古时代的环境，也与社会意识形态的观念不同。

虽然如此，可是伊尹放太甲于桐时，老百姓大悦；而周公摄政辅成王时，却是流言四起。因为周公时的社会人心，以现代名词来说，已经大大地改变了；尽管周公是个贤者，但一般人的心理反应，却是两样。到了汉末诸葛亮时，连君臣之间的互信，也蒙上一层薄薄的阴影。

再往下看，宋朝的得天下，赵匡胤陈桥驿兵变，黄袍加身，不说别的，一夜之间，哪里来的这么一件龙袍？难道真的是天上掉下来的不成？那时候，正是后周柴家的天下，周世宗柴荣和赵匡胤两人，本是五代末年乱世中，同样来自民间的人物。后来柴荣当了皇帝，赵匡胤便成为一位最亲近的将领，等于现代的首都卫戍司令，全国警备司令又兼宪兵司令。

柴荣死后不久，边疆有事，赵匡胤带兵出征打仗，就在离京城不远的陈桥驿兵变，不去打仗，当上了皇帝。这是欺负柴家孤儿寡妇而得的天下。在开封的皇宫里，有一房间，这是赵匡胤封闭，不许打开的，因为里面立了一块不许用南方人当宰相的碑，如用南人为相就是不肖子。后来赵光义的后代神宗，用了南人王安石为相，宋朝的政治就开始走下坡路了，所以有人说，赵匡胤有先见之明。但是他吩咐子孙，对柴氏的子孙，绝对不能无礼。而他取天下于孤儿寡妇，依中国古代政治哲学而言，宋朝的天下，是篡位而来的。这就是说，赵匡胤“无伊尹之志”了。到了蒙古人进来，元朝接手的时候，宋朝的末代皇帝，也正是孤儿寡妇。所以有人作一首咏史诗说：

忆昔陈桥兵变时　欺他寡妇与孤儿
谁知二百余年后　寡妇孤儿又被欺

如果研究历史哲学，以政治的伦理，看历史的因果，就看出人生的因果报应，是非常严重的。赵匡胤虽然取天下于孤儿寡妇之手，不守“伊尹之志”而篡位，但对柴家的子孙，不像魏晋各代的赶尽杀绝。南北朝、五代十国，每一朝代都是篡位，都把前朝皇帝的子孙，斩草除根。赵匡胤能够厚道，对柴家的子孙并没有残杀，所以元朝对赵家的子孙也一样。而元朝最后的果报也很好，元朝坐了八十年天下，如果严格地研究，有学者认为，最后一代元顺帝，并不是真正的蒙古人，而是赵匡胤的后裔。朱元璋推翻了元朝，元顺帝逃向蒙古，朱元璋派徐达追到了内蒙边境，就不再追了。副将常遇春问他为什么不追？徐达说，人家也坐了八十年的江山，现在大明王朝已经建立，把他抓回来，当今的皇帝也很难处理，既然逃远了，就算了吧！实际上徐达和朱元璋都知道，元顺帝是汉人，让他到边疆称王，统率蒙古人也很好。

研究历史上的因果循环，也就懂了人生，知道为什么做人要有道德。因果律是宇宙间的自然规律，人不可以违反这一自然规律的力量。所以孟子说的这个“伊尹之志”，包含了中国三千年来的政治伦理的哲学思想，也就是为私则是篡位，为公则是可以的观点。

尸位素餐

公孙丑曰：“《诗》曰：‘不素餐兮。’君子之不耕而食，何也？”

孟子曰：“君子居是国也，其君用之，则安富尊荣；其子弟从之，则孝悌忠信。‘不素餐兮’，孰大于是？”

公孙丑继续提出“素餐”的问题。中国文学上有一句“尸位素餐”的成语，是形容居高位而不做事的人。“尸位”，古人祭祀的时候，杀了牛羊猪禽兽这些“牺牲”，或者用米面杂粮做成这些生物的形像祭拜，并不是凭空祭祀。同时在祭坛上位，必须有一个像活着的偶像，来接受祭拜，后世叫做“傀儡”；再演变到后代就用木主牌位来替代，这种情形，总的名称叫“尸位”。所以发展到后世，民间所信奉的神明，不管是天神、菩萨，乃至儒家的圣贤，也都要塑成形像。“素餐”就是万事不做，既不劳动，也不工作，白吃干饭，有如坐在上位受人祭拜的偶像，所以叫做“尸位素餐”。例如尧在一百二十岁去世，是舜接位以后三年，要祭尧的时候，就由尧的儿子丹朱，穿了尧的衣服，坐在上面不动，代表尧，接受舜的祭拜。

那么公孙丑问孟子：《诗经》上说，“不素餐兮”，一个人活在世上，不能光吃白饭，游手好闲，要将自己的才能奉献出来，才可以享有酬劳；如果没有奉献，光享有君王、国家的优厚禄位，就是“尸位素餐”。人生在世，随时都在麻烦别人，近自父母，远至陌生人，都为我们的活着而付出，于我都有恩；所以同样要对别人有所贡献，回馈社会大众的恩惠，这就与“不素餐兮”的精神相同。

公孙丑又问：“君子之不耕而食，何也?”公孙丑这一问，像是给孟子一记少林拳。等于说，老师，你一天到晚，坐在那里讲学问，谈道德，还要学生供养束脩（学费）给你生活，难道说，一个君子既不种田，也不做工，就可以“不耕而食”吗?

孟子回答说：一个有道德、学问的人，假使国君用了这个人，有相当尊贵的待遇，他已经在“安富尊荣”了，那是他应该得的报酬。如果没有担任公职，而在社会中从事教化（教育）的工作，“其子弟从之”，有很多的学生跟他学习，无形中将孝、悌、忠、信等等德性，影响了社会，形成良好的社会风气，对社会安定，都有了贡献，所以弟子们送了束脩供养，也是理所当然的回报。而且，一个君子在社会中的贡献有多大，是无法比拟的。孟子这句话，也等于要他的学生们尽管放心，我们师生并没有白吃社会的干饭，已经在尽自己应尽的义务了。

居仁由义之道

王子垫问曰：“士何事?”孟子曰：“尚志。”曰：“何谓尚志?”曰：“仁义而已矣。杀一无罪，非仁也；

非其有而取之，非义也。居恶在？仁是也。路恶在？义是也。居仁由义，大人之事备矣。”

接着公孙丑的提问之后，又有齐国王子垫提出一个问题：“士何事？”一个学者、知识分子，活在世界上，应该做些什么事，有些什么责任？这与公孙丑所提的问题，几乎是有相同的意义，但有不同的指标。

孟子的答案是说，一个学者、知识分子首先就要“尚志”。所谓“尚志”就是重视自己的立志，也就是要确定人生的目标，要走一个什么路线。

王子垫又进一步地问，什么叫做“尚志”？孟子说，“仁义而已”，只有终身致志于宣扬人伦道德，弘扬伦理教育的本分。教育的目的，是改正人性的恶习，令人向善，对社会传播传统道德哲学思想。假使从事政治的人，只为私利，是非不辨，善恶不分，“杀一无罪，非仁也”，无辜杀害一个无罪的人，甚至随便做有害于他人的事，都属于不仁的行为。无故危害他人生命，当然是不仁。

“非其有而取之”，取得任何不属于自己的东西，而占为己有，就是“非义也”。不问劳心或劳身，付出一分劳力，才能获得一分代价，这才是义。“居恶在？仁是也”，一个知识分子，只有立身于仁的立场，应该取的才取，应该付出的就要付出，这才是合于义。

孟子这两句话，后来成为一句成语“居仁由义”，平常立足点站在仁上，而行为要合于义，这样“尚志”就对了。做到了以后，在儒家叫做“大人”，在道家称为“真人”。因此孟子在下面举出一个历史故事，说明儒家所认为的士大夫的人格标准。

孟子曰："仲子不义与之齐国而弗受，人皆信之。是舍箪食豆羹之义也。人莫大焉亡亲戚君臣上下。以其小者，信其大者，奚可哉？"

陈仲子这个人，是孟子之前的齐国贵族后代，他看不惯齐国当时那些贵族的腐败与贪污的风气，于是避开母亲、兄长，舍弃权位富贵，离世隐居，终生清廉。有关他的故事，在此就不多说了。孟子说，他这种行为，在儒家看来，是属于不义的。因为他虽然"自处廉洁淡泊"，被大家称赞人格清高，但他这种清高于世何益？"是舍箪食豆羹之义也"，只不过是不接受他人的羹饭恩赐，洁身自好而已。

真正的人格是要有见地，人生的价值要从大处着眼，这是建立人生观的基本要点。陈仲子不顾国家社会大众的利益，舍弃君臣之义，亲属之情，离群索居，那只是完成个人清高的品行，并不能救时救人，器量未免狭小，并非仁义之大道。

于是，又讨论到另一个类型：

桃应问曰："舜为天子，皋陶为士；瞽瞍杀人，则如之何？"孟子曰："执之而已矣！""然则舜不禁与？"曰："夫舜恶得而禁之？夫有所受之也。""然则舜如之何？"

曰："舜视弃天下犹弃敝蹝也。窃负而逃，遵海滨而处，终身䜣然，乐而忘天下。"

孟子另一个学生桃应，也提出一个假设性的问题，他想得很妙。前面说过舜的父亲瞽瞍，是一个很莫名其妙的人。当舜为帝以后，用了一个执法廉明清正的人皋陶，他是上古历史最有名的清官。桃应问孟子：在舜当了天子以后，假设瞽瞍犯了杀人的罪，皋陶这个时候执法，该怎么办？

孟子说：这还不简单，把瞽瞍抓起来责罪就是了。

桃应说：那么舜怎么办？难道他不会下命令给皋陶说，这是我的父亲，你不许抓。或者叫皋陶把这个案子搁起来，表示抓不到人，不了了之。这样可以吧？

孟子说：舜不会这样做，如果这样做，就不是圣君了。而且他决不肯做违法的事，更不会为私情废弃法治的尊严，禁止皋陶去抓瞽瞍。这就是中国自古以来的法治精神，几千年来一直有一句话，叫做"王子犯法与庶民同罪"，这与西方真正民主政治的法治精神是一样的。前面提到过的小说故事，包公打龙袍，就是这一法治精神的榜样。所以假使舜的父亲犯了法，也一样要办，皋陶执法，是舜代表国家授命他执法，他就要公正廉明。

桃应挖根挖底地问：那么，瞽瞍被抓以后，舜是天下大孝，他既不能禁止皋陶处罚他的父亲，难道等皋陶的报告上来了，批一个依法办理，执行死刑吗？否则的话，舜该怎么办呢？

孟子说：这很简单，像舜这样的圣人，把"皇帝"的权位，看得并不重要，假如他真的遇到这种事，他就不当“皇帝”了。他丢掉一个“皇帝”的地位，比丢掉一双破鞋子还要快，半夜背着他父亲逃走，逃远到海疆化外之地，奉养父亲终身。

这段是孟子与学生之间讨论学问的问答，是辨别中国儒家的思想，属于处理公与私、是与非、善与恶之间的道理。瞽瞍、舜、皋陶，各人的个性，天生如此，而天理、国法、人情，也就是法治、礼（理）治与人之常情。天子犯法与庶民同罪，这是法治；但天子的父亲犯罪，儿子治父亲的罪，在天理上又讲不过去；如果不治罪，又为法所不许，这是理与法产生了矛盾。舜在人情上，必须救自己的父亲，但在公理上必须维持法治的尊严，于是他只有放弃“皇帝”的权位，背了父亲，逃离国境，奉养父亲。那么情、礼（理）、法三方面，比较都可以交待得过去了。

环境的影响　君子的爱心

孟子自范之齐，望见齐王之子，喟然叹曰：“居移气，养移体；大哉居乎！夫非尽人之子与？”

孟子曰：“王子宫室、车马、衣服多与人同，而王子若彼者，其居使之然也；况居天下之广居者乎？鲁君之宋，呼于垤泽之门。守者曰：‘此非吾君也，何其声之似我君也？’此无他，居相似也。”

孟子有一次从范地去齐国，在路上看见齐国诸侯的世子，那种轩昂骄贵的气象，于是就非常感慨地说了“居移气，养移体”两句名言。这是说居住的环境对一个人影响很大，例如这位世子住惯宫廷的大房子，饮食好，穿着讲究，养成生活骄贵的习气，这对血肉之躯的影响使气质发生变化，气象、仪态、精神，自然别有与众不同之处。所以说“大哉居乎”，物质生活环境影响人的力量，就有这样的严重。

然后，孟子看看跟着他为仁义道德而奔走的学生们，接着又感叹一声，“夫”，长长吐出了一口气，然后说：“非尽人之子与?”每个人不都是父母所生、所育、所养的孩子吗?只因为生活环境不同，就养成言语、态度、思想、作为的差异。

接着孟子的教育来了，这等于当年抗战时期，许多学校的校长或老师，带了自己的学生集体逃亡，奔向大后方。一路上虽受磨难，但教育不停，露天上课，席地而坐，大地就是教室，一块小木板就是课桌。下了课，又翻山越岭，奔向大后方。

孟子看了弟子们这个景象，就上课了。他说：你们看，一个王子，他居住的宫室，也是房子；交通工具虽华丽，也不外车马；穿的也不过是衣服，和一般人一样。但是，齐国的世子走出来，所以会有那种骄贵气，就因为“其居使之然也”。这个“居”，不只是指房屋，实际上是指整个大环境，它对人的影响力量太大了。这个大的环境，就是学问、思想；有真学问、真修养，就是“居天下之广居”。宇宙在我，万化由心，人生顶天立地，还受什么外在物质居住环境的拘束！也就是说，真正有了学问、修养，就不受任何环境、物质的影响，这就是大丈夫。

孟子教育学生们，了解一切物质环境影响人的力量，而大丈夫绝对不受物质环境的影响。环境可以影响人的心理，转变人的意识思想，但是一个真正的学者，学问会养成自己的天地，就是后世讲的“性天自有风月”。也就是自己精神领域扩大，顶天立地，自有一番伟大的景象，哪里再看得上物质有形的环境呢？

于是孟子又举一个例子说，有一次鲁国的君主到宋国去，刚好宋国的城门关了，鲁国的君主就大声叫门，用命令式的喝声叫道：“开门！”那个守城门的人听了就说：这个人并不是我们的君王，可是叫门的神气，为什么和我们国家的君王一模一样？孟子说，这并没有其他的理由，“居相似也”，是环境养成的。这说明环境可以改变人的种种行为，除非真有学问、高深的修养，“心能转物”，有超然物外的器度，自然与众不同。

孟子曰：“食而弗爱，豕交之也；爱而不敬，兽畜之也。恭敬者，币之未将者也；恭敬而无实，君子不可虚拘。”

孟子曰：“形色，天性也；惟圣人然后可以践形。”

这里孟子就讲到待人接物方面的修养了。

孟子说：对人如果没有真正的爱心，只是把东西给人吃，那就和养猪一样，只是为了把猪喂大，好杀了卖肉赚钱。

孔子也说过类似的话。子游问孝，孔子说：现在讲孝道的人，认为能养父母，就是孝道。可是养一只狗、一匹马，也同样是养，如果没有恭敬仁爱之心，那和养犬马有什么两样？子贡也提出这个问题，孔子就说“色难”，孝养父母以及对人对事，要有真正诚敬的心态，才是真爱。

所以孟子也说：“爱而不敬，兽畜之也。”对人要有爱心，但有爱心还不够，要是没有恭敬仁爱的心理，那还是没有把人当人看，就像饲养动物一样，虽然买很好的东西给它们吃，但是归根结底，下意识里是为了好玩、为了兴趣。甚至还有人说，孩子大了，还没有孙子，家里没有小孩不好玩。讲这种话的，真该打手心，孩子岂是给大人玩的呢？不但对小孩不能有这种心态，对长辈老人，更要注意，如没有恭敬仁爱之心，只是形式上的孝、形式上的爱养，那是大有问题的。

对于恭敬，孟子说：“恭敬者，币之未将者也。”有钱买东西送礼，也是为了表示恭敬，但是有时这种用金钱、物质表达的恭敬，容易变成形式，乃至成为虚伪不实的作为。“恭敬而无实，君子不可虚拘”，如果仅注重虚伪恭敬的外表，而没有实际真诚的恭敬心，那是君子所不取的。这就说明每个人做人待人，人品的修养，内在要有诚敬之心，光注重外表的形式是不行的。

因此孟子为人生修养作结论说：“形色，天性也。”“形”就是人的身体外形，举手投足，动作的形态。“色”，凡是人就有色相、表情、嬉笑怒骂等等态色。人死了，脸上肌肉僵硬发青，那也是人最后的色——死色。所以可不要看不起这个血肉之躯的身体面貌，心物是一元的，这也是先天本性的功能所显现的。在一般修道人来说，看不起这个身体，因为是地水火风四大因缘假合的；而大乘道，则指出四大的“色”，也是由自性生命本元功能而来的。所以“形色”是本元的功能而来的外表，先天本元的功能，形成了身心，所以说“形色”也是“天性也”。因此说从形相、态度，可以观察到一个人的心性诚伪、善恶。

但是一般普通人，对于身心是弄不清楚的，有时候，心理上并没有什么不愉快，可是生理上有问题，或者有病，或者周期性的生理变化，导致心情郁闷。虽然心理上想何必如此不高兴，何必烦恼，可是仍然会沉闷，这就是生理左右了情绪，想高兴也高兴不起来。另一个相反的情形是身体疲劳了，可是情绪很高，想看书，精力也不能集中，头脑昏昏地，可是心中在想，只有一点点时间了，很要紧，还是看了下去，这就是心理支持了生理。所以生理影响心理，心理左右生理，两样分开活着，不能合一。合一了就是“践形”，就是修养到家了，心理年轻，生理也返老还童，这是做得到的。长生不死固不可能，至少可以迟一点死，慢一点老，乃至有一些病痛，用精神的力量，转变得过来，不药而愈。如果是年轻人，随生理的需要而行，克制不了生理上的变化，就是不能“践形”。

所谓“践形”，也就是佛道两家所讲的修行，名称不同，道理一样，也就是孟子前面所说的，“其生色也，睟然见于面，盎于背，施于四体”，所以形色也是天性之一。“惟圣人然后可以践形”，只有学问、修养、实践，才能真正改变自己生命，变化气质，达到圣人的境界，做到心物合一。换言之，能够做到了心物合一的圣人境界，才能够“践形”，居天下之广居了，也就是顶天立地的大丈夫，也就是道家所说“宇宙在手，万化由心”的真人境界。佛家也说过同样的话，修成了的人，看三千大千世界，“如观掌中庵摩罗果”，像看手上的一个橄榄一样，清清楚楚，一切的变化，可以由自己的意志控制、转移。

两个故事　三个论点

齐宣王欲短丧。公孙丑曰：“为朞之丧，犹愈于已乎?”

孟子曰：“是犹或紾其兄之臂，子谓之姑徐徐云尔。亦教之孝悌而已矣。”

王子有其母死者，其傅为之请数月之丧。公孙丑曰：“若此者何如也?”

曰：“是欲终之而不可得也，虽加一日愈于已。谓夫莫之禁而弗为者也。”

这里开始说的，是孟子关于教化的观点。

首先提出的一个问题，就是“齐宣王欲短丧”，齐宣王准备发布命令，改变全国一个自古以来的风俗，就是父母死后，把守丧的时间缩短，不要那么长了。

中国几千年的古礼传统下来，父母死后要守丧三年。我们现代人守丧，最多一百天就很长了，也许只守三天。过去非守三年不可，这是上古中华民族文化上的一个大礼节，也等于是上古的大宪章，非常重大，历代都很重视。以前家中有父母之丧，不论官多大，地位多高，都要立刻请假回家守制，否则就犯大不孝之罪行。在历史上曾经有皇帝下令永不录用的纪录。像明清两朝就曾经发生过几件大案，都是大官们于父母死后，没有回家奔丧守制，于是监察御史就奏章弹劾，连皇帝都无法为他庇护，甚至会激起全国读书人的公愤。

至于一般平民，父母死后，也要守三年之孝，纵然为了生活，不能不谋生，至少百日之内也不能理发剃胡须。现在有的人守古礼的，也起码在一百天内，守在灵位面前，足不出户，当然也不理发、不剃须。最近，这里有位同学，政大毕业的硕士，年龄不过三十多岁，父亲死了，他就是如此守制的，一切都能做到尽礼。有同学去探望慰问他，看见他的胡须已经长了三四寸长，因为他在台的族人有很多，是一个守礼的家庭。

可是我们现在社会上，对于这些礼仪，是相当紊乱的。旧的文化礼仪被打倒，新的一直没有建立。有的人父母死了，尸骨未寒，手臂缠了黑纱，女人的头发用粗麻扎了蝴蝶结子，表示戴孝守制；可是又跑到舞厅跳舞，跑到酒家去买醉，看电影、听歌的，更不在话下。

依古礼，订定三年之丧，因为人出生后，从吃奶到离开父母的怀抱，总得两三年，父母在这三年中，是最辛苦的，所以服三年之丧，就是略表对父母的一点还报。这个道理，孔子曾经说过，在《论语·阳货》篇，宰予拿出一大堆理由来，认为三年之丧为期太长，主张缩短。孔子说，你如果心安，你就去缩短吧。等宰予出去后，孔子说："予（宰予）之不仁也。子生三年，然后免于父母之怀。夫三年之丧，天下之通丧也，予也，有三年之爱于其父母乎？"

在上古的时候，皇帝遇到父母之丧，也要退居，另住别殿，停止朝觐的事，政事要靠宰相；遇到重大的事情，才提出报告。这是上古的制度。到了后来的宗法社会，就更严重了。

根据这一事件的演变来看，可见人与人之间的情感，是随社会生活形态的转变而转变。过去农业社会，安土重迁，不肯离开自己家乡与祖宗的庐墓；即使自己的家乡最古老，最贫瘠，但到老来还是怀念自己的家乡。所以安于本土，重视迁居是一件不得了的大事，因为不肯流离失所。但是到了工商业的社会，这种观念有所改变，好像四海都可以为家了。

可是，要注意的是，一个人出生成长的地方，长期生活在那里，一切养成了习惯，到了临终之前，会反映出来。那时所见的是故乡的情况，所说的也是儿时所说的乡音。这在心理学上、灵魂学上、宗教学上、医学上，都是有待研究而且是非常重大的问题。

历史上这种情形很多。如明末的一位大儒朱舜水，在满清入关以后，不愿意投降，到日本去，传了许多中华文化学说给日本，对于日本的文化，有非常大的影响。他的坟墓，现在还在日本。当他临终的时候，有许多日本的学生，围在他的病榻前，如子女之对父亲，问他最后有什么吩咐。可是他所说的话，统统是故乡的方言，学生们都听不懂。现在推行国语，许多人自小就说国语的，那就好办了。但是，不要轻视这个问题，这对于人类精神、心理的作用，是很奇怪奥妙，值得研究的。

就我个人的体验，曾在中国西南的边疆，罹患疟疾，白昼发病，夜间还要批阅公文，处理公务。当时没有医药，缠绵半载，辛苦非常，如果没有意志支持，随时可能就死了。有一次我在高烧时，所见到的幻境，都是家乡的景象；旁人说话，听来都似乡音。当时感到或将死亡，想到“埋首何须桑梓地，人间到处有青山”，以及“老死何妨死路旁”这些诗，便吩咐部下如何为我料理后事。实际上，当时旁人说的并不是我故乡的口音。这就令我深深体会，人到了生命的最后时间时，在精神、心理上的状态，都与故乡有关。

平常和老年人聊天，他所讲的，都是“从前如何如何”的老话，而且重重复复，千遍万遍，所说的都是“从前”，不厌其烦，在他则永远是新的话题；而对于新近的经历，却又立即忘记。人到老死阶段的精神，大多有这种情形。

历史上从子路、阳货以下，曾经多次地有人想缩短丧期，但未成功。现在这里是讲齐宣王要想改变这个礼仪。他要“短丧”，不要浪费那么多的时间守丧，要缩短多少，这里没有说。但是，当时孟子的学生公孙丑，听到这个消息，回来对孟子谈到这件事。公孙丑说：“为朞之丧，犹愈于已乎?”如果把古礼的三年之丧，减缩得太短了也不成话，如果齐宣王能够听其他的一些意见，改成一年丧，比半年、一百天，还好一点，还保持了传统文化的精神。

孟子听了不同意，他训示公孙丑说，“是犹或紾其兄之臂”，你这样的主张，等于是要把你哥哥的膀子扭断，反而对哥哥说，你别怕痛，我不会用力太猛，只是慢慢给你扭断。猛力一扭是扭断，慢慢扭也是断，都是一项破坏中国传统文化的事情。这不是说减为一年、半年，或一百天的问题，这是不通的。在你公孙丑的立场，不应该这样主张，你只要把订定三年之丧的孝道，与父子兄弟的友爱的原理告诉齐宣王就对了。你作为一个大臣，不应该因为上面的权势而不敢讲话，应该以正道告诉他，不能将就。一个大臣，遇到如此重大的事情，如果迁就君王，就是“逢君之恶”，那是最大的错误。这是一件事情。

第二件事情，是说齐宣王的一个儿子，他的生母死后所发生的事。

过去的皇帝，除了一个皇后外，还有很多妃子；民间的人士，除了一个妻子外，还有许多小妾。在中国过去的宗法社会里，凡是姬妾，尽管是她所生的孩子，还是以父亲的原配为嫡母，而对自己亲生的母亲，礼仪上的名称还是庶母，即使后来有了很高的地位，但在家谱上的记载，仍为“庶出”，他的母亲仍为“姬妾之辈”，这是几千年以来的习惯。

如民国初年，国民政府主席谭延闿，在前清是进士出身，学问好，望重当时，为了国家民族，参与革命，推翻清廷后，一度被选为国民政府主席。那时他的生母逝世，因为是一个妾氏，出殡时，宗族间不许将灵柩由谭府的中门抬出去。他奔丧回家，在出殡的时候，匍匐在母亲的棺材上痛哭，不肯下来。因为他已经是一国之元首，族长们便不得不开了中门，将他母亲的棺材连同匍匐在上面的谭主席，一同从中门抬出去。

从这件事看到，中国古代的礼仪，有些地方不能与现代的生活形态吻合，而是有其时代性的。所以在民国初年五四运动阶段，有些文人专门将过去宗法社会制度中的这类繁文缛节的毛病挑出来，一概推到“孔家店”的身上，攻讦宗法社会的这些弊病与阴暗面。

由这里介绍的历史故事，大家就可以了解，齐宣王的儿子，在其生母死后，为什么要请丧。他的母亲，只是一个姬妾，即使她所亲生的是位王子，也不能为她守三年的丧，只能为皇后守三年的丧。所以在古代的宫廷之中，常因这种问题，遭受痛苦乃至发生变乱。

当时，这个王子心里，非常难过，要为母亲守丧。过去的王子，都有一个老师辅导，叫做“傅”，就是师傅。“其傅为之请数月之丧”，这位王子的老师，为他去向齐宣王请求守制的期限，他说既然王子有这一片孝心，要以特别的例子来办理，让他守半年或几个月的丧期。

公孙丑为了这件事，来和孟子讨论，问老师这样变通，在礼仪上不必守丧的而给他守丧，合不合于礼？

孟子对于这件事，讲得非常合理。所以孟子的思想，有时候是革命的思想，对文化也有革命的主张。他说：“是欲终之而不可得也。”这当然应该，如果阻止王子不为母亲守丧，这只是表面上的行为，而在内心上他还是痛苦的，这是人之常情，想去阻止他，也是做不到的。社会的习惯，帝王的权威，固然可以阻止他那样做，但到底是他亲生的母亲，不要说给他加半年或三个月，即使给他加一天也是好的，他的心也可以安一点。这种事是禁止不了的，并不是完全靠法令和礼仪规定的问题，而是人性的真情流露。一切的制度与法律，离不开三个原则——合情、合理、合法。孟子对这件事，是主张要以人性、人道的自然流露来决定。

这里是两个故事，三个论点，都是关于孝道、守制的问题。为什么插在本章中间呢？我们研究文章的作法，可以说全部《孟子》的文义连贯，接合得天衣无缝。上面说到“惟圣人然后可以践形”，“形”就是一个人行为的表态，社会制度、政治制度、人的生活习惯，这些都是形态。本来礼法、是非、善恶，也是后天人为设定的标准；对于形而上的本元来说，是非、善恶、礼法等等，都是假设的。

例如现在女性的服装，不但光着两只手臂，露出两条大腿，乃至袒胸露背；而在古代，连手臂也不能外露，如果露出手腕来被一个陌生人看见，有的人就羞死了。假如现在有女性为了被人看见肉体而羞死，不被人骂为神经病才怪。这说明是非、善恶的标准是人为的，因时间、地区（空间）、风俗习惯而变动不同的。如果不通古今的变化，执着于传统形式的道德标准，泥古不化，是行不通的。可是，现在人不鉴古通今，误解自由意识，爱怎么做就怎么做，而不管他人，也不管社会中的互动关系，这也是不了解“践形”的道理。所以“惟圣人然后可以践形”，在某一种情况，某一时代，某一地区，要守其习惯成俗的规范。因此将讨论丧制问题的文章，紧接着“惟圣人然后可以践形”之后，放在这里，无形中作了一个巧妙的论议。

接着，是叙述孟子对教育践形的主张，也同样是教化的道理。

孟子的教学方法

孟子曰："君子之所以教者五：有如时雨化之者，有成德者，有达财者，有答问者，有私淑艾者。此五者，君子之所以教也。"

公孙丑曰："道则高矣，美矣，宜若登天然，似不可及也；何不使彼为可几及，而日孳孳也？"

孟子曰："大匠不为拙工改废绳墨，羿不为拙射变其彀率。君子引而不发，跃如也。中道而立，能者从之。"

这里孟子说到教学方法的五个重点。

第一种"有如时雨化之者"。所谓"时雨"不是时时下雨，而是天旱久了，田里的禾苗就快要全部枯死，在这重要的关头，突然来一场大雨，把禾苗全部救活了，这场雨就是"时雨"；适时而至的雨，一般人的口语叫做"及时雨"。"有如时雨化之者"，或是当人在疑难未决的关键时候，应机施教，这时等于机锋相对，豁然开朗，心开意解。这种情形，有如古人说的一句成语"如沐春风"；或是扬眉瞬目，领会于心，这是属于有形、无形中受感染而来，并不是后世带有强制性教育管理的内涵。这种诱导式的，比较自然的影响，就像古诗所说"细雨湿衣看不见，好花落地听无声"，是不着痕迹地产生影响，改变了一切，这真是"时雨化之"的最高境界了。

第二种“有成德者”。以中国教育状况而言，孔子的教化，就是造就了一生德业的成就，所谓三千弟子，七十二门人，都得其“时雨之化”。另举一例来作比较以说明。

隋末有位学者王通，造就了一个时代，在他死后，他的弟子门人私谥他为“文中子”。他生逢隋末的乱世，为了中国历史的继往开来，他本想自己出来有所作为，后来与隋炀帝见面一谈，知道时机未到，于是立即回到河西，教化子弟。三十年后，大唐开国的文臣武将，如房玄龄、杜如晦、魏征等人，大多是他的学生。可以说在他的教化之下，开创了历史上一个新的时代，这正是“有成德者”的说明。可惜一般研究历史文化的学者，很多人都忽略了他。

第三种“有达财者”。是去教人发财吗？当然不是，在古代“财”与“才”两个字有时候简化，可以通用的，就是造就智慧、学问非常通达的人才。教化出一个“究天人之际，通古今之变”的达才，是很不容易的。明清两代五六百年间，是以八股文体为标准考试取士，限于宋儒四书章句范围，这种作风，实际上扼杀了天下英雄气。

清末变法时，有两句话说“消磨天下英雄气，八股文章台阁书。”因此大家纷纷要推翻科举制度的框框，希望学术教育开放自由发展。但清末民初之间，在极力推翻八股取士制度以后，近百年来的现代教育，又限于当局自定的思想意识形态之中，学术科目形成新“八股”，比之旧八股更拘束困扰人才。如此过犹不及，要想造就通达之才，更不可能。在我“顽固、落伍”的思想中，看到现代的教育，则有无限的悲凉、哀伤。尤其现代教育造就出来的人才，通才越来越少，专才越来越多。专才固然不错，但是一般人意识都落在框框条条款款之中，很难跳脱。再看未来时势的演变，是趋向专才专政，彼此各执己见，沟通大大不易，因此处处事事都是障碍丛生，这都是更加严重的问题。

能够明道而又通达的人士，愈来愈少，社会也愈将演变得僵化。在这些问题还未表面化的时候，这个道理，大家不会有深刻的了解，我在这里先作预言（编者按：讲此课是一九七六至一九七七年之间），在今后的五十年到一百年之间，全世界即将遭遇到这种痛苦。虽然我这个预言，似乎言之过早，而言之过早的人，往往会像耶稣那样，被钉上十字架。但是言之过迟，则于世无益；如果不早不迟地说出，则恐怕来不及了，所以只好在此自我批判，有如痴人说梦，不知所云了。

第四种“有答问者”。有问必答，无问不答。可是有的人，只是听老师讲而不问；去看老师，也不是质疑，只是想听老师讲课，却不知道问题在哪里，因此找到老师也提不出问题来。这是最近几十年来的现象。以前的学生，很会提问题，老师也会答。例如禅宗的教育，有人问宋朝的大慧宗杲禅师：“眉间挂剑时如何？”他立即答道：“血溅梵天。”同时又连下几十个转语，这就是会问会答。现代的人，既不会问，给他说了答案也没有用，也听不懂。

第五种“有私淑艾者”。现在一般人所称的“私淑弟子”，就是根据孟子这句话来的。有时觉得中华民族很妙，我们每感叹今日青年，不懂自己的文化，但也常接到陌生青年的来信，下面署名“私淑弟子”，意思就是并没有直接听过课，也没有见过面，只是读了著作，而对作者非常敬佩，感到从著作中学到了学问，受益良多，便认作者为师，而自称“私淑弟子”。

孟子提出了这五种教化方式。孔孟的教化，因古代文字简化，从他们教学的经验，确定有一个范围，但这个范围，也可以融会贯通古今中外的教育思想与原理。又例如印度释迦牟尼佛的教育方法，也和孟子这里所说的差不多。在他的教育方法中，关于“答问者”的方式，就有四种答法：

一、决了答：这近似于现代考试的是非题，为提问题的人作一个肯定的答复。例如问：明天我可不可以来听课？答复：可以。凡是肯定性的、否定性的，以及对事物有决定性的答复就是决了答。

二、解义答：这是解释性的答复。例如问：为什么明天我不可以来听课？答：明天是假日，这里不上课。孟子对于学生们的问题，许多都是用“解义答”的方式作答。

三、反问答：就是以问题来答复问题。例如问：停电了，电梯不能动，怎样下楼呢？答复说：你不能用脚走楼梯下去吗？这种答复的方式，除了答复问题外，还可以在无形中训练受教者的思考能力。

四、置答：所谓置答，就是把问题搁置，默然不语，不作口头答复，实际上，是逼他启发本有的智慧。但是这种不作答复，有时正是答复，因为有许多问题是无从答、无法答、不该答或不便答的。所以圣人亦有所不答。孔子、孟子都碰到过这种情形，释迦牟尼佛对于这些问难也是置而不答。假如我们问先有鸡或先有蛋？置答。问先有男的或先有女的？也置答。因为这些问题讨论下去，争辩将无止境，这不是人类的一般世俗知识所能了解的事，因此默然不语而置答。

古今中外，人心到底是相同的，公孙丑问孟子“道”，也和现在有许多同学向我问禅和佛法一样。公孙丑问孟子：“道则高矣，美矣，宜若登天然，似不可及也；何不使彼为可几及，而日孳孳也？”公孙丑说，道真是好极了，可是太玄妙、太难了，像登天那样难，就是学不会，达不到。为什么不设法使人容易学呢？这就像有人说，我们中国文化不科学，何不用西方的科学方法，把它一条一条列出来，或者编成一个公式，大家照着公式天天去做，不就可以学到了吗？

例如有一个青年同学说，看不懂《易经》，现在看了英文本的《易经》，一看就懂了，因为英文的《易经》，上面清楚列出来了。我反问他说，真的吗？可是我读了几十年的《易经》，也还不敢说完全懂得；你花三五天时间，看了英文翻译的《易经》，就说懂了，你既然懂了，为什么又来问我呢？

然后我告诉他，外国人多半只知道一点皮毛，就立刻翻译，立刻发表，自以为已经精通了。一个教育家，谁不想把这“道”传给别人呢？但有时候正如佛所说的“不可说”、“不可思议”。但“不可说”并不是“不能说”，“不可思议”并不是“不能思议”，而是对于至高无上的“道”，只可以意会，不可以言传，因为没有办法用言语文字表达清楚。所以公孙丑对于“道”很困惑，也希望编纲列目画成框框，像现代的统计表一样，一看就懂。

于是孟子告诉他："大匠不为拙工改废绳墨。""绳墨"就是木工用来划直线与方格的工具，叫做墨斗。一个好的木匠，不会为了徒弟太笨，而去改变原来已定的标准；因为一加一必定是二，一加二必定是三，没有办法改变。羿教人射箭，也有一定的标准，不能因射不好而改标准。发射人造卫星，也是不能违反大自然的规律。

这便是"君子引而不发"，所以教化最高的道理，是引发人性中本自具有的智慧，"无师自通"，并不是有个东西灌注进去使你明白。这种启发式的教育，活活泼泼的，如孟子所描写的"跃如也"，因此可以不偏不倚，"中道而立"。如果老师呆板地告诉学生，填鸭式的教育，那就钉在一个死角，钻到牛角尖里去，就不是"中道而立"了。

如果老师呆板地告诉学生，学生虽然懂了，但已经落后了几十年，等到学生赶上老师，老师又往前去了。而教育的目的，是希望后一代超越前一代。如果引用禅宗的教育方法，来发挥孟子的教育思想，可举出很多很多的例子。禅宗的大师们，经常用这种"引而不发"的教育手法，对于聪明、伶俐、有智慧的人，轻轻点拨一下，使人自肯自悟，不然就是"误"了。现在这里只做一个概略的介绍。

宋代有一位大禅师，遇到一位学问好、官位高的人，很恭敬地向他问道说："何谓黑风吹堕罗刹鬼国土？"意思是，什么是突然一阵黑风，把人吹到恶鬼的国度里去？这位大禅师，本来是一脸的慈祥，听了他的问题，突然变得一脸怒容，一拍桌子，瞪眼看着他，大声斥骂道："你哪有资格来问这句话！"那位大官，原来很恭敬地请教，当场无缘无故挨了顿痛骂，火可大了，回骂道："你这个和尚，混蛋！我客客气气问你……"还不等他说完话，这位大禅师立刻笑着说，你现在正是被"黑风吹堕罗刹鬼国土"了。这位大官忽然大悟，马上跪拜礼谢。

这就是"君子引而不发，跃如也。中道而立，能者从之"。禅宗的教育往往是这样。这还是容易了解的，有时被大师们蒙了一辈子。曾经有人写一部小说，描写有一个人武功最好，人也聪明，自认为天下第一。可是，另有一个人对他说，只要你能答复我一个问题，我就承认你是天下第一。这人问：什么问题？那人就问：你是谁？于是这个武功高的人自问：我是谁？可是答不出来，便一天到晚自问我是谁？就此疯了。

这个"我是谁"的话头，也正是孟子"君子引而不发"的教育原理，必须要"能者从之"。如果不是"能者"，是会发疯的。懂了这种道理，再去参禅宗"我是谁"的话头，也可恍然而悟了。

何谓尊师重道

孟子曰："天下有道，以道殉身；天下无道，以身殉道；未闻以道殉乎人者也。"

公都子曰："滕更之在门也，若在所礼；而不答，何也？"

孟子曰："挟贵而问，挟贤而问，挟长而问，挟有勋劳而问，挟故而问，皆所不答也。滕更有二焉。"

孟子所说的“天下有道，以道殉身；天下无道，以身殉道；未闻以道殉乎人者也”，是中国文化中一项很重要的师道精神。

“中国文化”这个名词，是现代人提出来的，以前没有这个名词，只是叫人读书明“道”，而且要读通。要注意的是“读通明道”，不是只读“懂”而已。读一本书，懂得它的文字，懂得它的含义，这不难；可是读书要“通”可就难了。依古人的目标看来，许多人读书并没有读通，而是读“塞”了，那是不通的。所谓通，就是所作的学问，经也好，史也好，包括农工科技等各种学术都能相互通达，融会贯通；而且做人处世之间，也能明白畅通，这就太不容易了。

孟子说：“天下有道，以道殉身；”这个“殉”字，有自然顺从的意思，可不要看成是“殉葬”或“殉情”。当天下有最高度文化的时候，就是我们人类完全自然生活在“道”的文化中，一辈子都活在道的自然德性中。

其次是“以身殉道”，不是“以道殉身”。当时代社会处在变乱中，道德沦丧，文化堕落，一般人生活在这样的时代，为生存而不择手段，互相争斗，唯利是图，只顾个人生命需要而自私自利，没有时间管什么道啊、德啊。在这种情况之下，就是古人所谓的“覆巢之下，安有完卵”，一个有道德的人，想作“中流砥柱”绝不可能。所以自古以来，道家或儒家的有道之士，就采取避世、避地、避人，隐遁山林，以待时机再出山弘道。

这种时势，在我们五千年的历史上，有很多次的惨痛经历，大家只要一读历史就可以明白了。再说老子、孔子、孟子等这些圣贤，也都生在时代离乱的环境中，他们无可奈何，只好讲学传道。他们在滔滔浊世中，作一盏暗路的明灯留给后世，薪火相传，不断道统，这就是“以身殉道”的精神。

以孟子所说，自古传承道统的圣贤只有两条路：一、在太平盛世，天下有道的时候，“以道殉身”；二、在天下变乱的时候，“以身殉道”；至于“未闻以道殉乎人者也”，是说不论人类社会的思想、教育、物质文明如何演变，“道”的文化精神，虽然看不见、摸不着，可是却万古长存，变动不居。所以不管贫穷低贱、富贵通达，都要安于这个“道”，独立而不移，不要因为时代的变乱，各种学术的混杂而改变自己，对别人的盲目学说，随声附和。如果歪曲自己的正见，而讨好时代的偏好，就叫做“曲学阿世”。

“公都子曰：滕更之在门也，若在所礼；而不答，何也?”这是孟子所说五个教育方法中的“答问”问题。孟子的学生公都子提出来问，有一个名叫滕更的人，是一个小诸侯的弟弟，也就是后世所说的亲王，高干子弟之类。大概他有什么问题，孟子没有答复他，所以公都子问老师说，滕更也是你的学生，至少他也算是及门的弟子，他问你，你不答复他，这是为什么呢?

孟子说：一个人“挟贵而问”，就像孟子见梁惠王，梁惠王那种口气——“叟，不远千里而来，亦将有以利吾国乎?”老头儿，你那么远跑来，对我国有什么好处?这就是“挟贵而问”。孟子一听，就给梁惠王过不去，说：“王何必曰利?”给梁惠王碰一个橡皮钉子。

有人是“挟贤而问”，这在社会上常常看到。有人自己觉得修为了几十年，自认为有道，对于不知道的问题，向人求教，学来以后，装成一副自我高明的样子说：“你说的和我的意见差不多。”

还有人是“挟长而问”，自认为年高，总以为自己是对的。他不懂的问题，向人请教以后，大摇大摆捋捋胡子说：“可以，可以。”好像说，你这小子还不错，这是“挟长而问”的神态。

“挟有勋劳而问”，这是说有的人有身份、有地位，高官厚禄的人，被恭维惯了的，他有问题问你，他的心中已经觉得是看得起你，这样的情形是“挟有勋劳而问”，你可以笑而不答，或婉转推开了事。

还有的是“挟故而问”的，因为有其他的原因，故而假借一个什么问题来接近质问你，那也可以置而不答。

孟子说，对于这五种情形来问的人，都是有问题的。而滕更来问，占了其中的两样：第一，他是高干子弟，“挟贵而问”；第二，他是另有目的，“挟故而问”，所以我不答复他。

从这里，我们看到了孟子的人格，表现出师道的尊严，而且比孔子看得还更严重。孔子是有教无类的，孟子则是有所斟选的。

孟子讲教育、文化思想，以及态度方面的问题，到此告一段落。接着是另一高潮，讲到个人的修养。

进步快　退步更快

孟子曰："于不可已而已者，无所不已；于所厚者薄，无所不薄也。其进锐者，其退速。"

孟子这一类的文字，年轻人看来，会感到头痛。"不可已"、"而已"、"不已"，已来已去，两句话中三个已，其他多是虚字，不知他说了些什么。他这两句话如果翻译成白话，就是说："有些人，对于明知做不到的事，偏要去做，做得乱七八糟。这种作风发展下去，就没有他不敢做的事了。"这就是说，个性僵化的人，对于一切事，都僵到底。

这种倔强的个性，有时候是很可爱的，但是犯了一个"于所厚者薄，无所不薄也"的毛病，对轻重厚薄分不清楚。这类个性并不是坏事，一个人除了缺点以外没有长处，任何一个人都有他的缺点，但是他的长处亦就在他的缺点上。例如老实是长处，老实人就笨，笨即缺点，但人不笨就不老实了。长处也是一样，太过分就是缺点，人若聪明过分，就会滑头。所以人要能认清自己的长处与缺点，轻重厚薄也能分得清楚，那么缺点就会变成长处了。该厚的时候厚，该薄的时候薄，该轻的时候轻，该重的时候重，对自己处理得恰到好处。所以僵化的个性，不是不可以，但是也要做到适当的程度才好。

因此孟子下一个结论，也是千古不易的铁则："其进锐者，其退速。"进步得太快，退下来一定也很快。就教育而言，有些父母，如果自己的子女聪明过度，不能再把他当作聪明去培养，不能使他做超越年龄的进步；宁可培养他的厚重，让他在知识上的进步慢一点，向下扎根基深厚一点，培养健壮的身体。否则的话，把他当“天才”去教育，到最后会把孩子弄到岔路上，这就是进步得太快，退步得更快。做事业如此，做学问如此，做工夫谈修养也是如此，不要求急进，太快了不是好事。急进容易落于侥幸，侥幸得来的，就不能长远保存，一定要工夫到了才行。凡事要慢慢来，这就要记住孟子这两句名言“其进锐者，其退速”。现代青年，往往犯了“喜欢快速成就”的毛病，结果基础不稳固。就像写毛笔书法，只求快意，草书不像草书，简直是鬼画桃符，他自己却说是创新的书法。假如古代有草圣之誉的米南宫（米芾）见到，恐怕也要跪下来投降了。

孟子曰：“君子之于物也，爱之而弗仁；于民也，仁之而弗亲。亲亲而仁民，仁民而爱物。”

这是中国文化的中心思想：“亲亲”、“仁民”、“爱物”三个阶段。

美国以前的总统卡特，一上台就大谈人道主义，于是人道主义的口号，在美国盛行起来，西方一些国家也跟着喊。但是做了多少？做了没有？越南难民漂流在海上，外国轮船望望然而去之，虽见而不理不睬。我们台湾的轮船、渔船把他们救回来，一批又一批，安顿在澎湖好好生活。我们如果到了外国，或者遇到外国人，可以告诉他们，中国几千年以来“仁”的文化，早已经是“超人道”的了。卡特的人道只是以人为本位，是自由主义的个人立场，是人与人之间的；

中华传统的仁道是“亲亲”、“仁民”、“爱物”。现在美国人所号称的人道主义，是以个人立场争取自由，只是“亲亲”之后“仁民”阶段中的一个小节而已。

至于孟子说的“爱物”是什么内容呢？这是说人对于万物，包括动物、植物、矿物也都须要对它们有爱心，这是仁义之仁的“仁道”，不同于现代西方人所说的“人道主义”。虽然爱心也由仁心而来，但到底不像对人那样仁慈，所以孟子说“爱之而弗仁”。他进一步说，对于人类，“仁之而弗亲”，人与人之间是相爱的，是仁慈的，但是不如对自己亲密的人那么亲切。这也就是前面所引述过的，假若孔子与释迦牟尼，救两人溺水的母亲，谁先谁后的道理。“亲亲而仁民”，儒家的仁是个人先亲自己的亲人，然后再推而广之，以及于整个人类，所谓“老吾老，以及人之老；幼吾幼，以及人之幼”，这就是“仁民”，然后进一步“爱物”。所以修养是以自己为基础，然后扩充范围，及于天下，次序是慢慢来的。

孟子曰：“知者无不知也，当务之为急；仁者无不爱也，急亲贤之为务。尧舜之知而不徧物，急先务也；尧舜之仁不徧爱人，急亲贤也。”

孟子说：“知者无不知也，当务之为急；”“务”就是当前必须做、应该做的，也就是“时务”。大智慧的智者，对万法的根源，没有不知道的。所以“知者”在运用智能处理许多事务时，就看哪一件事在时间、空间上最为紧要，要先做紧要的，这就是“当务之为急”。

例如在一个废墟上开始建设，若想三个月内，把一切都同时完成，那是一样也做不好的。一定要先开道路、接电源，一步一步来。“仁者无不爱也，急亲贤之为务”，一个仁者，心怀仁慈，对万物都慈悲，对所有的人都爱，这也是一下子所难做到的。第一步要亲近有道之士，之后有了仁心，才能救天下。“尧舜之知而不徧物”，尧舜是圣人，他们的智能，也不可能一下子把天下治好；圣人要“急先务也”，也是要先看清楚，什么是最重要的，应该先做的先做。“尧舜之仁不徧爱人，急亲贤也”，尧舜是圣人，极仁爱，爱天下之人，他们也不可能一下子就平均普遍地爱尽天下人，所以他先要找好的人来治理并教化老百姓。

“不能三年之丧，而缌、小功之察；放饭流歠，而问无齿决；是之谓不知务。”

这里是从孝道的礼节上，来作一个结论。

孟子说：在孝道上，为人子女的，对生身父母不能够服三年之丧，以反报父母三年怀抱的爱心，反而要求晚了好几辈的孙子、曾孙、玄孙们守孝，责备他们为什么不哭。事实上隔了几代的人，时光又差这么远，实在没有情感，哭不出来，父母却一定要他们哭。

孟子又引用《礼记·曲礼》所说进食之礼的道理说：“放饭流歠，而问无齿决”，用手抓饭抓菜送到口里，喝汤的时候，发出“呼噜呼噜”的声音，对于这样有失饮食礼仪的，不加过问；而对于别人咬肉干时，牙齿响了一下，却去注意有没有掉牙齿，这就是只注意不相干的事。世界上有许多人都是如此，当注意的不注意，不当注意的去注意，都是不急之务。现代许多青年，最应该关心的是自己的学业前途，但他不去关心，却去关心一些不相干的事。

刚才孟子举出的“缌”、“小功”、“三年之丧”，是有关丧祭的礼节，在中国文化中，占了很重要的分量。不但孟子屡次提到，在《论语》中，孔子也多次提到。孔子在整理礼乐的时候，在《礼记》中，除了有《丧服小记》一章专门记载这个问题以外，在《曲礼》、《檀弓》等等篇章中，也有所记述。对于丧事的礼节，规定得非常详细，连一根丧杖的粗细，束头发的绳子或簪子的质料形状，也都有记载，可知古代对于丧事的安排和礼节，是非常严谨而郑重的。

这些记载，读起来似乎很繁琐，但做起来并不麻烦，可以恰当地表达后人的伤痛情感和尊敬；在形态上也很能表现出家庭亲族，以及社会伦常，对一个生命消失的悼念。只是后世的人，有些在“做给别人看”的目的下，增加了许多铺张，甚至把丧事几乎变成了喜事，吊丧有如参加酒会，藉此交际应酬，在经济上更形成一种无谓的浪费，而为大家所诟病。

尤其近二三十年来，丧礼的仪式与精神，几乎完全没有了，而美其名为简化，但所做的，则正是那些不应该有的铺张浪费。这种情形，不但在殡仪馆中可以见到，在马路上的出殡行列，也每使人有不知所云之感。即以报丧一事来说，应由丧主亲往有限的亲族家中报丧，才是尽礼，不该报的则不可去报。现在却不行登门报丧的礼仪，而浪费上千上万的金钱，在报纸上大登其讣告，而所有刊出的讣闻，连辈分、丧服都错误百出。这里顺便作一介绍。

关于服丧

丧服只有五种，称作“五服”，其等次如下：

一、斩衰（音斩摧）：守丧时间为三年，所穿丧服用最粗劣的麻布制作，不缝下边及旁边。

二、齐衰（音资摧）：守丧时间，杖期的一年或五月，不杖期的六月，丧服用稍粗麻布制作，缝边。

三、大功：守丧时间九个月，丧服用粗的熟麻布制作（即经漂白后的粗麻布）。

四、小功：守丧时间五个月，丧服用稍粗的熟麻布制作。

五、缌麻：守丧时间三个月，丧服用细的熟麻布制作。

这里有“杖期”与“不杖期”，就是“执丧杖”或“不执丧杖”。丧杖粗为一搤，就是大拇指与食指，绕成一圈那么粗；长不过膝，就是和下腿一样长；外面裹以刺状的白纸，但所用的质料，因死者的性别而不同。男性用的名苴杖，用竹制成，以其圆形象天，性贞，四时不凋谢，表明子为父礼中痛极，自然圆足，有终身之痛。女性用的名削杖，用桐树削成四方形的杖，以象地，表示桐随时间的转变到秋天即凋落。母丧外虽削杀，服也从时除，而桐心是实的，终身之孝心，当和对父亲相同（桐）。由此可知在礼仪上的每一细小事物，都不是随便规定，而有其深刻的含义，一定的表征。

另外还有一种杖，俗称齐眉杖，是妻子死了，丈夫服亡妻之丧而用的，也是用桐制作，但杖的长度，高与眉齐。不过这是东汉时，梁鸿、孟光夫妇举案齐眉的故事发生以后，才有的礼仪。因为齐眉杖，就是象征夫妻相敬的意义。在讣文中，看到自称“杖期生”的，就表示丈夫为亡妻执这种“齐眉杖”。不过，如果父母尚在，则不可以执这种杖，所以凡在讣文上看见有“不杖期生”的，就知道死者的公公婆婆或其中之一尚健在的。

另外还有两种特殊的服丧，一种名“降服”，一种名“反服”。所谓“降服”，如兄弟二人，弟弟无子，哥哥将一个儿子过继给弟弟继承宗祧，成为弟弟的儿子。但当这孩子的生父死了以后，还是要服丧，只是不必服三年的斩衰之丧，可以降低服一年的齐衰之丧，在讣文上称“降服子”。女儿出嫁也降服。至于反服，则是尊长执卑晚的丧，如父亲执长子期年的丧，或执众子五月之丧，名为反服，讣文上称“反服父”。

关于丧服的体制，大约分为六大类：一、本宗九族五服。二、妻为夫族丧服。三、出嫁女为本宗亲属降服。四、为本生亲属降服。五、妾为家长族内服。六、外亲服等。关于丧服的详细规定，可参考《幼学琼林》。

尽心章句下

圣贤事业

历史难读

且看剃头者 人亦剃其头

民为贵的真义

三个观念 三个层次

百世之师——圣人

谁人背后无人说

路是走出来的

冯妇的遭遇

穷理尽性以至于命

巧妙的教育方法

财聚人散

小有才的危险

穿窬之心 偷巧偷心

君子行法以俟命

说大人则藐之

狂猥的表现

乡原的表现

孟子的感慨

圣贤事业

孟子曰："不仁哉，梁惠王也！仁者以其所爱，及其所不爱；不仁者以其所不爱，及其所爱。"

公孙丑问曰："何谓也？"

"梁惠王以土地之故，糜烂其民而战之，大败；将复之，恐不能胜，故驱其所爱子弟以殉之。是之谓以其所不爱，及其所爱也。"

孟子曰："春秋无义战；彼善于此，则有之矣。征者，上伐下也；敌国不相征也。"

《尽心》下篇一开始，就讨论中国的政治思想和军事思想在仁（人）道哲学上的大问题。

第一句"不仁哉，梁惠王也"这句话，就等于是后面几段文章的标题。

孟子这是批判梁惠王与齐国的战争，那一次的结果，是梁惠王大败。这次战役大家都知道的，是齐国的名将孙膑，和他的同学庞涓之间的故事。当时梁惠王还是魏惠王，他用庞涓当元帅，兴兵去攻击齐国；齐国则用孙膑为帅抵御，最后齐国打败了魏国。因为庞涓被诱进一个峡谷之中，两边万弩齐发，他无处可逃自杀而死，连梁惠王的太子也被俘虏了。在这次战役以后，魏国迫不得已，迁到大梁，所以魏惠王才改称为梁惠王。《孟子》这本书，一开始是孟子见梁惠王，那是魏国这次战役大败之后。至于这里一段话是什么时候说的，则很难确定，但他是和学生公孙丑说的，应该是公孙丑在齐国任仕的时候。

孟子批评梁惠王太不“仁道”。他说一个实行仁道的人，是“以其所爱，及其所不爱”，就是有大仁慈之心，平等对待所爱与不爱的人。人都有私心，比较偏爱自己的人，人性本来就是如此，虽是缺点，并不算什么过错。但是一个人若要学圣人的王道，就应该了解人性的缺点，更要修正自己性格上的缺点，把爱自己人的心理推己及人，这就是圣人的仁慈之道。

他说，不仁的人则相反，是“以其所不爱，及其所爱”，一件事本来不应做的，但为了满足个人的欲望，发动了侵略，结果给亲近的人带来大大的不幸，所以是不仁。

公孙丑问孟子：你说梁惠王最不仁，这话怎么讲？

孟子说：梁惠王发动战争的结果，军事、外交都失败，因此而生气，为了争取土地，而“糜烂其民而战”。“糜烂”一词，就是不明智地牺牲自己国民的生命财产。

民国五十八年（一九六九年），我在日本东京时，曾应邀演讲，我告诉百位在座的日本大学校长、教授们，世界上最可怕的有两件事，一是刀，一是钱。你们日本人，过去做了一次梦，以为武力可以征服世界，所以发动侵略战争，犯了这样大的错误，结果无条件投降，几至灭国。大战结束后，二十多年来，日本能繁荣建设，正是中国人所给予的。因为中国三千多万军人流血牺牲，不向日本复仇，不要日本赔偿，日本才能在这二十多年中重建，繁荣起来。可是现在日本又做一个梦，想成为经济大国，用钱买通全世界。这一个做法，将来所得的果报祸害，比第二次大战的果报祸害会更可怕。无论个人还是家族，权太大了，钱太多了，都将成为自己的祸害。

同样的，梁惠王当时也是这样，战败了就想报复，用各种手段发动战争，又恐怕不能打胜，竟然不惜将自己最亲爱的儿子，送到战场上作统帅，结果被俘而全军覆没。这是孟子亲眼所见，是最不值得的一次战争。等于第二次世界大战，日本侵略中国，不但害了中国，还害了日本自己，甚至影响了全世界，造成今日处处变乱的局面。所以日本的军阀，也是最不仁的。

孟子在评判了梁惠王与齐国的战役后，提出了一个军事的哲学观点。

他说："春秋无义战；彼善于此，则有之矣。"在春秋五霸以来，直到战国时代，各诸侯国之间的战争，都没有"义战"。春秋二百四十年间，"弑君三十六，亡国五十二"，没有为公道正义而战。中国上古正统的军事思想，反对随便发动战争，只有为正义而不得已启动战争。所以中国的"武"字，是止戈两字合成的，所谓"止戈为武"，意思是以威武遏阻滥用武力者。这就是黄帝子孙军事思想的基本精神。老子说："以正治国，以奇用兵，以无事取天下"，又说："兵者不祥之器，非君子之器，不得已而用之。"这都是"止戈为武"的精神。

孟子接着说："彼善于此，则有之矣。"这句话像禅宗的话头，“如珠之走盘”不落边际，随便怎样解释，都不对也都对。且不去管古人是怎么解释的，我们从多方面去看看。

“春秋无义战”，这句话是点题，反正三代以下的战争，几乎没有一次是为正义而战的。但是有些人懂了历史，擅于运用，天下好话说完，坏事做尽，发动了战争，却口称为仁义而战。就如当年日本侵略中国时，提出“大东亚共荣圈”、“大东亚民族主义”、“同文同种”等口号，事实上都是假的，只是说很好听的理论。其实就是侵略。

“春秋无义战”，也可以另外解释为：本来义战就很少。对于我们的老祖宗黄帝征蚩尤，建立民族国家基础的战争，后世学者也有怀疑。且不管怀疑如何，哪个历史上的战争，真正是为天下公义而战？“彼善于此”，如果两方面都能运用得好，正反善恶都会用的话，或者勉强可以打一次战争。

无论就上面哪一种解释来批评，梁惠王的这次战争，都是无道的侵略。

孟子提出“春秋无义战”，但并不是绝对反战。如果是为正义而战，为仁义而战，那是“不得已而用之”，是应该的战。但是为私欲，为兼并侵略别人而发动战争，这是无义之战，战得没有道理，就应该反对。

他又说：“征者，上伐下也；敌国不相征也。”这是以春秋笔法，讲到“征”的问题。所谓“征”，孟子了解中国文化的传统定义，是“上伐下也”，上面打下面叫做“征”。譬如说，中央政府看见某一地方有盗匪，或者地方上两边发生了战斗，于是出兵去消灭盗匪，干预阻止地方的战斗，这是

"征"。如果上面发现下面做得不对，出兵以武力去纠正，干预、阻止，或用武力去解决地方的纷争与错误，也是"征"。这是"征"的第一个原则。

第二个原则，"敌国不相征也"，这个"敌国"的"敌"，不是仇敌，而是平等相对立的意思。譬如古文中称"夫妇为敌体"，并不是说一对夫妇成了仇敌闹离婚，而是说夫妇是平等相对的两方。齐国与鲁国，都是受周天子分封的诸侯，地位相等，爵位相等，都一样是"公爵"；而且人口相当，领土幅员也相当，那就是平等的兄弟之邦，就称为"敌国"。这样的两个国家，是不可以"相征"的，应和平相处。对方如果没有对不起我方，没有侵害我方，就不应该出兵去攻击对方。像梁惠王出兵打齐国，是没有理由的，因为当时齐、魏两国，是两个独立国家，小怨或者有之，但绝无大怨，梁惠王（当时是魏惠王），怎么可以出兵去打齐国呢？假如是齐国犯了大错，除非中央周天子发布命令，号召各路诸侯联盟，才可以征伐。现在齐魏是"敌体"之国，魏并未奉到中央政府的命令，怎么可以擅自出兵去攻击齐国呢？

事实上，从春秋到战国，各国诸侯，根本就没有把中央周天子放在眼里。春秋之五霸，战国的七雄，诸侯各国之间的互相攻击，都自称"出征"，是歪曲了"征"的传统文化定义。后世也这样说，错用"征"的名义，产生了错误的观念，而形成一个思想问题。例如后世的国际战争，在战斗之前，先要通知对方，犯了什么错误，限期改善，否则将要以武力对付；现代叫做"最后通牒"，音译为"哀的美敦"书，如仍不改，于是宣战。我国古代名为下战书，然后展开战斗。到了第二次世界大战，日本侵略中国的战争，是不宣而战。而在第二次世界大战以后，在亚洲，在中东，在非洲等地区发生的国际性战争，都是不宣而战。

讲到战争的道理，这种侵略战争的发动者，不论当时如何强盛，最后在历史的纪录上，总是没有好结果的。可是这一个道理，还是有问题，也许是因为有人发问，所以孟子答复如下。

历史难读

孟子曰："尽信书，则不如无书。吾于《武成》，取二三策而已矣。仁人无敌于天下；以至仁伐至不仁，而何其血之流杵也！"

孟子说，历史的记载并不一定全部可靠。我常说，历史的记载，人名、地名、时间都是真的，很多事实却走了样；而小说的叙述，人名、地名、时间都是虚构的，而故事却常为事实，这是历史与小说的不同之处。正史有时候记的是历史的另一面，所以历史是很难读的。例如读《春秋》，非要把全部《春秋》读完，反复研究，才可找出孔子写《春秋》的精神及历史的背景。又如司马迁仿《春秋》笔法而写的《史记》，也是很难读的，其中汉高祖、项羽的传记，写他们两人好的一面，写得真好，只稍带一点点瑕疵；而真正不好的一面，却写在另外一些人的传记中。所以要看完全部的《史记》，才能懂得《史记》，只看一篇，或若干篇，是无法读懂《史记》的，当然也就不会真懂历史了。

后世的历史，都是如此。例如大家都说，在汉高祖之后，唐太宗是最英明的皇帝。我们读了《贞观政要》，感觉唐太宗的确很好，可是另举一个小小的例子，来看看唐太宗好不好吧！有一个人，追随唐太宗很久，也很有功劳，但唐太宗硬是不喜欢他。这个人有一天说："人是要靠命运，不知道哪一天，我的运气才会好起来。"唐太宗对他说了两句名言："待予心肯日，是汝运通时。"等老子哪一天高兴的时候，你的运气就来了。这居然是当皇帝的人说的话！十足反映有钱有势的人的心理状态。透过这两句话，所有唐太宗的一切好，是否须重新判断呢？

再看唐太宗建立了考试制度，在第一次考试后，他站在高台上，接受考取的士子们朝见。士子们山呼万岁，他高兴地说："天下英雄尽入吾彀中。"意思是说，我设了一个圈套，天下英雄都投到我的圈套里来了，被我笼络住了，听我摆布了。从他的这句话中，就觉得他并没有什么可爱，只能成就一个霸业而已，没有圣君道德，不像尧舜那样的味道。看通了历史的这一点，哪一个帝王不是如此啊？这就叫做"尽信书，则不如无书"。

孟子为什么在这里插进来讲这个道理呢？他上面说到"春秋无义战"，跟着说到"征伐"，说"征"只是"上伐下"的战争，而不能随便用"征"的。当时战国的诸侯之间，随便出兵侵略，还要说是"征伐"，这是不应该的。

此时也许有一个人问孟子：商汤攻击夏桀，周武王出兵打殷纣，不都是以下攻上的部下叛变吗？为什么历史上却称他们是征伐，说是汤伐桀，武征纣呢？纣王虽坏，也轮不到做部下的去推翻他。而且历史上记载，周武王打纣王的时候，血流漂杵——所流的血，可以把舂米的木杵都漂起来。血流成河，可见杀了太多人，居然还说周武王是仁者之师！

这一问，大概问得孟子也没有办法，只好自己捋捋胡子说："尽信书，则不如无书。"有时候历史的记载对一件事难免有过分渲染之处。可是回转来，读了《孟子》这部书，也可以对孟子说："尽信你，则不如不信你。"所以历史是很难说的。

关于这方面，我们有几个史例可以提出来研究。

第一个例子是司马迁的《史记》，写到周武王出兵打纣王的时候，周文王找到姜太公商量这件事，司马迁用了"阴谋修德"四个字，作了定论，说文王与姜太公这两个老头子在一起阴谋，然后才由武王出来起兵，所以武王之伐纣，是预先有布置的，并不是那么简单的。这"阴谋"两个字，就是春秋笔法，微言大义，要读完了《史记》，而且要仔细地读，才可以发现，这两个字就是对文王、武王、姜太公的一个定评。

后来到了明朝，有一个和尚，就是禅宗的莲池大师，写了一首歌，题名"七笔勾"。因为他读了全部《史记》，读到"阴谋修德"这里，对于文王、武王、姜太公等等一笔勾，把圣也者，贤也者，都勾掉了。所以司马迁写完了《史记》，吹个大牛说："藏之于名山，传之于其人。"意思说，我写的文章，你们都看不懂，将来终会有人读懂。这是他轻视同时代的那些人，认为那些人都看不出他在文章中所涵蕴的历史哲学。

另外有一个人，就是上通天文，下通地理的邵康节，一生不出来做官，他有两句名诗：“唐虞揖让三杯酒，汤武征诛一局棋。”这是说，尧老了把皇帝的位置交给舜，舜老了把皇帝的位置交给禹，推位让国，是和谐的交待；而商、周的征伐是和下棋一样。他看历史如此，觉得人生过去了就过去了，所以始终不出来做官。可是他这两句诗，我们不要会错了意，那并不是洒脱，而是含有无限的血泪。简单地说，“唐虞揖让三杯酒”就是恭敬退让；“汤武征诛一局棋”就是有布置的，预谋的。这是邵康节明显而真正的意思。这并不是我故意鸡蛋里挑骨头，而是告诉大家，读书要读得多，而且要相互贯通，才可以看出其中的道理。否则就被邵康节美妙的文字骗过去了，还真以为他好洒脱，把历史上人物个个赞好，如此轰轰烈烈的大事，写成了“三杯酒”、“一局棋”。如果真认为如此，那邵康节在棺材里都会笑了起来。

邵康节是北宋末期的人，无所不知，他在洛水桥上听到杜鹃鸟啼，就说天下将大乱，吩咐儿子搬迁，从洛阳远迁到四川。他指出地气——宇宙之间有一股气势，这股气势，如果由南向北行，天下必乱；反过来由北向南行，则天下必治。所以南人为相天下必乱。自古以来，山东出相，山西出将，都与地气有关。宋朝后来不久，王安石以南人当宰相，果然就开始启动了天下的乱局。而洛阳在那个时候有杜鹃啼，正是地气由南而北的兆头。

邵康节是北宋晚期的人物，他曾经推算过这个国家民族未来的演变情势，一直预言到今日以后的时代。而在今日以前的历史变迁，他的预言都已经应验了。当时曾有好朋友问他，宋朝今后的情势如何，他一句话也不作答，回到家里，寄了一部《晋书》给这位朋友。我们知道，晋分东晋西晋，宋朝后来也分北宋、南宋，而且南北宋半个天下的国势，几乎和东西晋的国势完全一样。可是，他是宋朝时代的人，不能明白地说出来，如果说出来要杀头的，只好用这部《晋书》，作为强烈的暗示，看得懂的就心里有数，看不懂只有自认蠢才了。

所以我对他的那两句诗，各下一个脚注："唐虞揖让三杯酒"——恭敬谦让的，"汤武征诛一局棋"——有预谋布置的。

有学生问孟子，既然"上伐下"才是"征"，汤武之推翻桀纣，明明是以下去叛变上，历史上怎么可以说是"汤武征诛"？孟子对于这个问题，只好用这个"尽信书，则不如无书"辩解了。假如我是孟子，站在教育的立场，也不能不想办法辩解一下，这就是一个宗教家、教育家的苦心，明知道有坏的一面，也不好揭穿；被人家揭穿以后，也必须要去把它扳正。

"汤武征诛"这四个字的历史记载，后世用惯了，便认为汤武革命是征诛，忘记了古人用这两个字的本意，是对汤武的这个举措，含有谴责的意义。这正是春秋的笔法，有如"郑伯克段于鄢"，用"克"字以谴责郑庄公，是同样的道理。

但是，在中国文化中有两句话："三代以上，惟恐其好名；三代以下，惟恐其不好名。"三代以上的人，若好名则无所不为；三代以下的人，假如好名，就努力去做一个好人，做一个好官，希望在历史上留名。向这个目标走的话，社会就比较安定。同一个理由，在三代以上，对于“征诛”的看法是对的，而在三代以下，则是靠武功治天下，以成盛德。

从这个道理，想到清朝的龚定盦。他这个人很怪，康有为、梁启超，乃至于现代许多人，都在思想学说上受他的影响。他的儿子也怪，诗也怪，他有一首有关历史哲学的诗：

少年虽亦薄汤武　不薄秦皇与武皇
设想英雄垂暮日　温柔不住住何乡

诗的意思是，向来就看不起商汤和周武王这两个人，专门说假话，真抢了别人的天下。对于秦始皇与汉武帝，则不会看不起，因为在三代以下，为什么不可以有这样的雄才？中华民族的英雄，就应该有这样的雄才大略。大家批评秦始皇养了许多宫女，汉武帝到晚年也有很多妃子，其实这有什么稀奇？一个大英雄到了晚年，事业成功了，无事可做，不到温柔乡里睡睡觉，叫他到哪里去消磨呢？

至于他们两人，到晚年想求丹药，当神仙，后世也有人说他们错，可是世界上谁不想多活几年，谁想早死呢？而且这求丹药只有他们做得到，一般人也是做不到的。因为“英雄退路作神仙”，英雄不当了，退休当神仙，也是应该的啊。

这许许多多奇奇怪怪的历史观念，也等于是对历史的评论，对于圣人的怀疑。

所以回过头来看，治平天下，无一不是阴谋。因此孟子在这里，也只好救周武王一把，说“尽信书，则不如无书”，对于《周书·武成》这一篇所记载的事，有些是过分的，其中只有“二三策”是可靠的，其他都不可靠（“策”是上古竹简书本的名称，与“册”字通）。像“会于牧野，罔有敌于我师，前徒倒戈，攻于后以北，血流漂杵，一戎衣天下大定”这段话，其中就有问题。因为一个仁人，自然“无敌于天下”，武王当时出兵打纣王，完全是大慈大悲为了救人救世而战争，是“以至仁伐至不仁”的，怎么会流血成河，把木杵都漂起来呢？

其实一次战争打下来，流这许多血，也是平常的事，而孟老夫子说，不会有这样的事，是《武成》这篇书太夸张的描写。我们只好说，孟老夫子这位圣人，也算是用心良苦了。

由孟子“吾于《武成》，取二三策而已矣”这句话，使我们想起近代史上的一件事，可以说明这个道理。

当太平天国之役，曾国藩、曾国荃练兵为清廷出力，作战九年。曾国荃攻下太平天国的首都南京以后，曾国藩的好友故旧王闿运（湘绮），回到湖南家乡，写了一部《湘军志》。这部书里面记载的，有许多是使曾国藩兄弟颇为难堪的事，而这些事，也并不是虚构的。例如其中有一条说，曾国荃回到湖南以后，有一个人生病，药方里需要几钱人参，可是跑遍了偌大一个长沙省城都买不到，打听一下缺货的原因，原来是曾国荃的府中需用，一夜之间，把整个长沙城的人参全部都收购去了。那种富贵鼎盛时候的气象，各种各样的事情都会出来。王闿运虽然与曾家是友好故旧，仍然将这一类事，用中国史家的精神，毫不客气地一股脑儿写了进去。所以曾国藩写给他弟弟的信中，有一首诗说：

左列钟铭右谤书　人间随处有乘除
低头一拜屠羊说　万事浮云过太虚

劝他弟弟不要计较，实际上也不敢计较，历史家这枝笔，是无法抗拒的。所以要想做大事，在历史上标榜一个正义之声，也是可尊敬的。

且看剃头者　人亦剃其头

孟子曰："有人曰：'我善为陈，我善为战。'大罪也。国君好仁，天下无敌焉。南面而征，北狄怨；东面而征，西夷怨；曰：'奚为后我？'武王之伐殷也，革车三百两，虎贲三千人，王曰：'无畏，宁尔也，非敌百姓也。'若崩厥角稽首。征之为言，正也，各欲正己也，焉用战？"

因为谈到军事哲学的问题，可能有人问孟子：假使有人，认为自己擅长于军事——这是指春秋战国时人，如孟子之前的孙武，他曾写《孙子兵法》十三篇。对这种自认为只要依照我的意见，就可一战而称霸的人，孟子都反对，认为都是大罪人。他站在圣人之道的立场看战争，认为那是悲惨的，要死人的。如果一个国君好仁，自然天下无敌，何必以战争取胜呢？

假如有人根据孟子这一思想，把春秋战国三四百年间，好讲军事理论，好发动战争的人，作一个总评，一定是非常有道理的。如白起在一夜之间，活埋赵国的俘虏四十万人，这些事都是历史所痛恨的。一直到清朝，都常有记载说，发现猪的身上有“白起”或“秦桧”的字样。中国几千年文化传统中，民间老百姓，对于这种残酷战争和忠奸之人的因果报应的传说和故事，屡见不鲜，这不也正是符合历史记载的精神吗！所以用孟子这几句话，作为对好战者的总评是对的。

可是站在另一方面看，春秋战国时代的战乱，如果没有秦始皇统一全国的一战，则全国的战乱，可能还要延长很多年，死的人会更多，苦难会更久。所以从纯军事哲学的立场看，有战争才能使天下太平。现在时代进步了，甚至可以写一篇歌颂战争的文章。

我认为战争与不战争，很难说该与不该。战争犹如一把刀，操在医生的手里可以救人，操在奸恶之人的手里则会杀人。刀刃的本身无善恶，战争的本身也未必绝对是罪恶。

但是孟子接着引用上古尧舜的历史，说他们南征而使北狄怨，东征而使西夷怨。这些夷、狄，都是边疆地区的落后民族，抱怨尧舜为什么不早来统治，也就是表示希望获得文化的孕育，能过文明的生活。本来由上伐下为征，为什么对他们也叫做征？那是在文化上的一种看法，认为文化落后的野蛮地区，就算是下。

接着他说“武王之伐殷”——注意，这是孟子自己说的话，对于武王革命，孟子没有用“征”字，只有用“伐”

字。其实认真研究起来，这个“伐”字用得也很勉强。当时武王用的战车是三百辆，部队三千人，而且向老百姓宣布：大家不要怕，这次战争是为了使天下老百姓得到安宁，不是和老百姓敌对的，只要将暴虐老百姓的纣王处决就好了。因此老百姓们看见武王的部队到来，高兴得跪在地上磕头，五体投地，额角触地发出响声来，这就是“若崩厥角稽首”，俗话叫“磕响头”，是一种至诚恭敬感激之情的自然流露。不过古书上的记载，是一种表现于外的态度，而有人则说，在内心上，他们也许并不是高兴得“磕响头”，而是害怕得磕头如捣蒜。当然，这又是另一种说法。事实上，这两种不同心理的人都有，战争本来就是这么一回事。

孟子又为军事哲学下了一个定义：“征之为言，正也。”“征”就是“正”，要治国平天下，必须先诚意、正心、修身，道理是一样的。就是用武力，逼迫不正的人，非走向正道不可。孟子认为，战国当时所有的战争，都是为争夺而战，为争私利而战，所以战争就是争战，不是诛，也不是“伐”，更不是“征”，如果为了匡正人家，则不必用战。

孟子曰：“梓匠轮舆，能与人规矩，不能使人巧。”

孟子曰：“舜之饭糗茹草也，若将终身焉。及其为天子也，被袗衣，鼓琴，二女果，若固有之。”

孟子说：一个制造车轮的好木匠，在一根木头上取方取圆，技术很高明，但他教别人时，只能教制造的原理与规矩，没有办法使人的头脑变灵巧。就像现在的学校教育一样，只能教学生各种知识，至于如何去运用这些知识，以及能不能成为一个大家，则不是老师可以教成的，还是要各人自己努力才行。

他又说：舜当帝王之前，在外面流浪了五十多年，那时，吃的只是糙米干饭团和野菜，好像将来就是这样平凡地生活下去，不怨天，不尤人。晚年当了帝王，“被袗”，就是穿得好了。穿好衣服是自舜开始的，因为有别的国家送了很好的蚕丝来，舜还说不要，他的两个太太，就是尧的女儿劝他收下，用来织了一件衣服给他穿。舜于是穿上了好的衣服，自己也爱好音乐，经常弹弹琴，又有两个太太服侍，但他也不觉得自己享受，似乎本来就如此，和平常也没有什么两样。他穷也穷得，富也富得，他的人生就是如此平静地生活下去。

这两方面连在一起，就是说，对于一个人，传给他知识，没有办法使他有智慧。读了书，应该明白道德的规范，知道怎样做人，但如果呆板地守道德，就变成书呆子，被书困住了，也很糟糕。所以再说到舜，能贫贱，能富贵。舜的榜样，就是贫贱不能移，富贵不能淫，永远显得平凡。这就是人生的巧妙运用，处什么环境，站什么立场，就采取什么态度。以过去的俗语来说，就是“到了哪一个坡，就唱哪一支歌”。

孟子曰：“吾今而后知杀人亲之重也。杀人之父，人亦杀其父；杀人之兄，人亦杀其兄。然则非自杀之也，一间耳！”

孟子说：由春秋战国的历史果报、社会果报看来，我知道了，凡是杀别人父兄的人，自己的父兄也会被别人杀。所以好杀人，好发动战争的，结果等于自杀。

这是孟子早在几千年以前说的话，后世到了明朝，有人作了一首剃头诗，因为民国初年，剃头才叫做理发，以前杀头也叫做剃头。这首诗很妙。

闻道头可剃　人人都剃头
有头皆可剃　不剃不成头
剃自由他剃　头还是我头
且看剃头者　人亦剃其头

这首白话诗，也可以用来说明孟子这段话的真意。

孟子曰："古之为关也，将以御暴；今之为关也，将以为暴。"

孟子曰："身不行道，不行于妻子；使人不以道，不能行于妻子。"

孟子曰："周于利者，凶年不能杀；周于德者，邪世不能乱。"

这个思想，不但孟子在这里说到，更早以前，孔子在《易经·系辞传》里，就已经说过了。

他说，古代在国境边界上筑一道城墙，目的在防御暴力的侵略；现在不同了，建筑军事工程，设立基地，是为了攻击别人的。这是孟子对人类文化、道德堕落的感叹。

他接着说：人要行仁义道德之道，自己本身如果不能有高度的修养，那么在家庭中亲如夫妻之间，彼此都会有戒心，要防备一手；兄弟姊妹，更是如此。如果自己没有高度的修养，不以仁义道德处事，不能让人感动信任或敬佩，在指挥别人的时候，连妻子也指挥不动了。

他又说：人人都想求利，但是个人求利时，如果能让天下的人也得到利益的话，即使遇到凶年，也没有关系。因为平日给别人方便，自己也一定得到他人给的方便。如果更进一步，把道德的思想行为，扩充到整个社会，遇到变乱动荡的时代，也就不会受害了。

这几段是讨论道德修养与自守的重要，下面就说到社会风气的变坏与道德的衰败。

孟子曰："好名之人，能让千乘之国；苟非其人，箪食豆羹见于色。"

孟子曰："不信仁贤，则国空虚；无礼义，则上下乱；无政事，则财用不足。"

孟子曰："不仁而得国者，有之矣；不仁而得天下者，未之有也。"

孟子说，后世有人的心理是好利，有人的心理是好名，为了好名而做高人。历史上有好几个这样的人，如齐愍王，为了历史上能够写他公天下、做尧舜，为了好这个名，盲目地把国家让给一个最差劲的宰相，好名竟然好到这个程度，结果出了大乱子，几乎亡国。所以孟子说：好名的人可以“让千乘之国”，可是这种让国，不是道德的，而是满足自己好名的欲望，这不像圣君的让国，是为了天下人的利益。人都是生活在名利之中的，如果一旦侵害了他名利上的需要，纵然是一碗豆浆，一个糯米饭团，也会跟人动刀的。

孟子对于人性坏的一面，看得很清楚，所以他作一个结论，提出政治上的大原则。

他说：领导一国大政治，首先要相信仁者、贤者；能够相信“仁贤”的人来治国，来指导，国家的文化才能充实，才有正确的思想观念。否则，国家尽管富强，如果在文化上没有正确的思想与观念，则只是一个好看的空壳子。这也就是说，精神生活的重要，超越了物质享受。所以礼义很重要，如果没有礼义，则天下要大乱。除此之外，还要有真正好的政策，没有好的政策，国家的财政就要崩溃。所以正确的思想、良好的文化以及经济基础，这三大原则是三个重点。

他最后的结论，仍然指出仁道、仁政的重要，因此说：“不仁而得国者，有之矣”，抢来、偷来、骗来，用种种不道德、不正当的手段得来领土、权力、地位的人，在这个时代，有的是。像老一代的人看了《三国演义》说：曹操的天下偷来的，孙权的天下抢来的，刘备的天下哭来的。小说上说刘备借荆州，借了不还，后来孙权派人去讨，刘备急了，不知如何应付。诸葛亮告诉他：债主来了你不必说话，只管哭就好了，由我来谈判。果然诸葛亮利用刘备的眼泪，把这笔债赖了，刘备由此而起家。这都是“不仁而得国”，占据一个地区称王、称霸的情形是有的。至于说以这一类的手段而统一天下，又得到天下老百姓的拥护，却没有看到过。

民为贵的真义

孟子曰："民为贵，社稷次之，君为轻。是故，得乎丘民而为天子，得乎天子为诸侯，得乎诸侯为大夫。诸侯危社稷，则变置。牺牲既成，粢盛既洁，祭祀以时；然而旱干水溢，则变置社稷。"

讨论这段之前，我们先清理一下几个概念。

上古发洪水，共工氏的儿子句龙，让人民住到高地和土丘上，每丘住二十几户人家，这是最早的社。后来句龙被奉为土神，也叫做社神，也叫做后土。稷呢，有不同的传说，但都是指主管农业的人被奉为农神，也叫五谷神，也叫后稷。因此，上古以农业安身的农耕文化中，社是社，稷是稷。

社稷的概念，是从夏朝家天下以后才有的。一个宗姓家族聚居在一起，慢慢发展，从小的社变成大的社。那么，一个宗族有族人，有土地，以农业为主，共同祭天、祭地、祭祖、祭神，就形成了宗庙社稷。因为宗族社会是以家天下为基础，宗法社稷是连在一起的，所以社稷引申为江山天下，引申为国家，也是从夏朝家天下开始的。上古尧舜禹三代是公天下，还没有社稷的概念。

一个朝代有一个朝代的社稷。譬如，唐朝是唐朝的社稷，唐朝皇帝姓李，由他李家做主。宋朝是宋朝的社稷，皇帝姓赵，赵家做主。朝代更替，但各家的宗社还是自己家的，只是由不同的宗社为社稷的代表，谁上台成为天子，代表国家，就以谁家的社稷为主。中华民国推翻清廷之后，有没有社稷呢？有，国民党建立的忠烈祠相当于社稷。所以说，人民、社稷、诸侯天子，都是不同的概念。

中国这方面的文化，大家很少搞清楚。譬如封建是什么？封建是分封诸侯建立各自的诸侯国，人民拥戴各个诸侯的政权，所有诸侯的中心共主叫做天子。天子代表国家，分封那些有功劳的为诸侯，到各自的地方去自治，文化精神归到中央，这个叫封建。诸侯有诸侯的社稷坛，天子的社稷坛则代表全国；天子是代表诸侯共主的文化精神；而诸侯有诸侯的政权范围，天子有天子的政权范围。所以，诸侯、天子、社稷、政权，不能混同在一起。

大家先要把这些内涵搞清楚，再来继续研究孟子的这段内容。

大家都知道，“民为贵，社稷次之，君为轻”这句话，是孟子所提的一个政治哲学上的大原则。

在孙中山领导国民革命，推翻清朝君主制度，倡建民主政体的时候，一般的政论和宣传文字，经常引用孟子这几句话，指称我国古代固有的政治思想，就是民主的。这种说法，当时产生了很大的影响。

其实孟子这几句话，是中国固有的文化思想，如果一定以西方的民主文化来比拟，说这就是民主，我觉得大有商榷之处。孟子说的“民为贵”，并不是“民为主”，所以应该说，这不是西方的民主，因为它在精神和形态上，都与西方的民主不同。西方的民主思想是包含在“民为贵”的原则里，但不能因此就说“民为贵”等同于西方的民主思想。实际上，孟子这一政治哲学思想，是以民主为基础，而以君主制度，为实施民主精神的政治机构。所以也可以说是一种民本制度，我们只要看孟子在后面所作的解释，就很清楚了。

国家政府的建立，是属于全国国民的；民权的执行，是属于中央政府的。至于中央政府的制度，是帝王，是总统，或其他的名称，则无严格的限制。但必须“得乎丘民”，要获得全国国民内心以及行为上的拥护。

所以，我们翻开七八十年前鼓吹革命的文章来看，有些人对孟子这几句话，所作的任意解释，产生了很大的流弊。在将来，也许不出一百年，中国的文化史、政治史上，对于有关这方面的文化思想，一定会有所争论的。

孟子的这一政治哲学原则，有三个层次，刚才简要提出，现在继续研究：

第一，“民为贵”。“贵”的意义，在这里是“重要”，人民是最重要，最基本的；好比是水，水能载舟亦能覆舟，孟子在后面有所解释。孙中山先生所主张的三民主义思想，便和这个原则，有非常密切的关系。

第二，“社稷次之”。“社稷”是什么呢？这是一个抽象的名词，是国家的象征。上古尧舜禹是公天下，从夏商周的家天下起，中国古代政治就是君主制度，君权至高。但是在帝王之上，还有一个精神的制约，可以叫做天，也可以叫做道，可以叫做神，也可以叫做祖宗，是宗法社会的中心精神。而所有这些，统称之为“社稷”。这一个抽象的名词，也有实物作为表征，在北京则有社稷坛，人们对这个坛非常重视崇敬，连皇帝都要来跪拜，它代表了国家。

像现在外国的元首来访问台湾，就要到圆山忠烈祠献花敬礼，忠烈祠则代替了过去帝制时代的社稷坛与帝王的宗庙。在帝王时代，外国的元首或使臣来访，除了晋谒国家的元首外，还要拜宗庙，因为是家天下。例如宋朝的皇帝姓赵，那么宋朝的宗庙，则供奉着赵家已故的祖先。社稷则同样是象征性的。换句话，社稷的观念是宗法社会精神的民族主义，代表国家的观念，一个国家之所以成立，有三个条件：人民、土地、政权。政权是虚构的，靠前两个捧起来的。

再如我们旅居国外，看到自己的国旗，就有无限的崇敬和情感，因为国旗代表了自己的祖国，也代替了古代社稷的精神。但这也只是勉强地比拟，因为很难用现代事物或名称，来作完全符合社稷的解释。假如说“社稷即国家”，也不符合社稷的原意，因为国家也不能“次之”。抗战时期，中央政府所在地的陪都重庆，设有精神堡垒，就有相似的含义，但胜利后，又无形中废除了，且从未订为制度。所以实在没有一个现代名词，可以来解释社稷的准确含义。

第三，“君为轻”。这里要特别注意这个“君”字，并不一定代表中央政府的天子或帝王。在中国文化的古意中，“君”就是“长老”，年高德劭可以领导群伦的人，则称“君”。在帝王制度中，帝王为大家长，自然也称“君”。例如称自己的父亲为“家君”，等于现在的“家长”、“户长”等，称已去世的父亲则为“先君”。

大家一定读过王勃作的《滕王阁序》，其中有两句“家君作宰，路出名区”，是说我的父亲在某地做县长，我去看他老人家，路过你们这个著名的地方。

王勃写这篇序时，只有二十几岁。原来并不打算去南昌的，不料路上遇风，航行不便，才将船改泊南昌避风。靠岸以后，看到江边新盖的一座楼阁，嵯峨瑰丽，非常漂亮，就信步前往参观。进去以后，发现江西的都督，正在大宴宾客。原来这座楼阁，正是这位都督所盖，刚好这天落成，命名为滕王阁，所以大宴宾客，并且准备要他的乘龙快婿，席上作序，以便在文武僚属的面前，出出锋头，露一手文才。

王勃在里面看到满阁冠带，都是各地衙门的首长；他出身世家，当然也满不在乎，看到一个空位就坐下来，却不料一下就坐在那位都督女婿的席位上。当主人与他的女婿来到时，就有人告诉王勃，坐这个位置的人，是要即席写序的，本意是希望他知难而退。可是王勃说，写序就写序，这有什么难处。于是提起笔来，就“南昌故郡，洪都新府……”一篇《滕王阁序》，一挥而就。在座的文武百僚，读了这篇序后，无不赞好。这位都督见王勃年纪轻轻，居然一下子写出这样好的文章来，心里也不禁佩服，知道自己的女婿，绝不可能作得更好。而王勃也由此一举成名。

且不去管王勃的文章好坏，我们随意举出这一篇大家都知道的文章中“家君作宰，路出名区”两句话来，说明“君”字的意义。

至于孟子这里所说“君为轻”的“君”，是指各国的诸侯。因为春秋战国时，各国诸侯也称“国君”、“君主”，为一国之君。只是那时的“国”，在政治体制上，还是中央政府天子的臣，是由天子册封的，仍受天子的管束监督，相近于现代我国的省或美国的州。

三个观念　三个层次

他这三个观念，有三个层次，认为一个诸侯国家的领袖，是第三等重要，而以老百姓为最大。一个国家的构成，最重要的是人民与土地，没有人民、没有土地，就无从去建立一个国家；光有土地没有人民，也不行，所以人民最重要。其次是“社稷”，就是国家的区域范围，这是次要的；至于领导的人，则是第三重要。所谓“轻”，是与前两者比较起来，较轻而已，并不是不重要。“民”、“社稷”、“君”，这个顺序有逻辑性。所以古文看起来简单，其实有深刻的逻辑内涵。

于是孟子按照这三个层次，依秩序解释说，“得乎丘民而为天子”，获得山泽丘林间人民的拥戴，即可为天子。“丘民”就是一般从事农林畜牧等业的老百姓，也就是全国人民。其次，一个知识分子读书人，得到了天子的欣赏，就可由天子封他做诸侯，只要这一个人同意就可成王。正如前面所引唐太宗的话，“待予心肯日，是汝运通时”。这是家天下的制度，天子就有如此之大的权力。

一个人得到天子的欣赏，就可以为诸侯；反之不得天子的欣赏，则没有办法。例如唐朝，可以说是诗的朝代，不但唐朝历代皇帝的诗都作得不错，国内诗作得好的，也很多很多。这些诗人中，有幸有不幸，而他们的幸与不幸，有形无形之间，主观或客观上取决于皇帝。像前面所说李白，由于皇帝的高兴，写四首《清平调》，可以叫贵妃磨墨，近臣脱靴。而孟浩然，也是因诗名动天子，却因为“不才明主弃，多病故人疏”两句诗，失去唐明皇的欢心，而坎坷一生。唐朝也有一位名士，被宰相推荐到朝廷时，为了“长日惟消一局棋”这句诗，皇帝认为他太懒，不能用，几乎断送了仕途。这些故事，都足以证明过去帝王政治，“家天下”的时代，“得乎天子为诸侯”，只要皇帝高兴，封王都容易的真实情形。

“得乎诸侯为大夫”，次一等的，遇不到天子，如果能够遇到诸侯或后世的巡抚、御史等，获得他们的欣赏，则可做他们的清客、秘书等，也可以度过一生。

这三个层次比较起来，最难的，成就最大的，是获得全国人民的拥戴，则可以为天子；讨一个人的好感，只能得诸侯；再下一等，讨长官的好，只能做一个秘书、科长，当伙计。这三个层次，也说明人心向背的重要性。孟子说这些话，正是因为他看到战国当时那些诸侯们，对上目无天子；诸侯之间，谁也管不了谁，谁也不理谁；对下面的部属百姓，生杀予夺，全凭个人的喜怒，并无法制，偶然对谁不悦，就是烹，把所不高兴的人，投下油锅。孟子讲这些话，居然不怕被烹，可见他有多大的勇气，多丰富的正义感。

另一面，也由于孟子的学说和道德的修养，到了晚年，声望太高了，诸侯中谁也不敢烹他；假如早几十年，声望还没有建立起来时，也可能被烹的。在那个时代，没有什么叫做法律，只有权力，权力就是法律，只要有权力说烹谁就烹谁，要剐谁就剐谁，让谁做官谁就做官，想如何便如何。而孟子处于这样的时代，敢于说这些话，所以今日配祀在孔庙，的确是有他的理由和价值的。

孟子接着说："诸侯危社稷，则变置。"一个诸侯如果政治行为、政治道德不够，使全国不能安定，老百姓吃苦，乃至社稷倾危，有亡国的危险时，那当然会变乱，老百姓要革命了。像今日有些集权国家，人民生活如同处身地狱之中，自然要起革命，处处有反抗事件。这是说领导天下的问题，读中外历史，都不能违反这个原则。这是天道，也是人道，一个国家如此，一个机构也是如此。所以大家读书，看到政治上的事，不要以为只是政府机关、政治机构的事，因为个人的做人处事，就是政治的基础。开公司、设工厂、办学校，不论从事任何行业，都是在政治原理之中。所以不要向外要求，先要求自己的思想、人格达到君子的修养，再谈事业。

他又说："牺牲既成，粢盛既洁，祭祀以时；然而旱干水溢，则变置社稷。"上古的政治，皇帝还怕天管，也怕阎王，怕社稷坛的神。回到内宫，还怕太上皇和皇太后，见到父母仍然依家法，跪下来称儿臣。有小说上描述，唐太宗那么狠的人，生病看到鬼，要叫四位将领为他夜里站岗才能入睡。梦里见到阎王，也害怕得很。也许这位阎王是大政治家，对他还是平起平坐，蛮客气的，而且阎王也无权审问人间帝王，要送到天上由玉皇大帝开庭，阎王只可以像检察官一样，坐在一边当面对质。这位阎王和唐太宗交际了半天，还以筵席款待。唐太宗发现地狱里没有南瓜，拍阎王马屁，答应送一个南瓜去。他醒来以后，南瓜易找，可无法找到一个脚夫去送，于是下令全国，找一个下阴间送南瓜的人。结果有一个名叫刘全的老百姓，愿意担任这份工作，于是“刘全进瓜”，将一个大南瓜顶在头上死掉了。据说现在阴间已有了南瓜，那是刘全送下去的南瓜子做的种。

当然这是小说中杜撰好玩的故事，但是透过小说看到背面，就反映出民族的文化思想，知道中国的帝王，在神权的面前，他还是老百姓。神权为什么有这么可怕的威力？在西方文化里讲是上帝统治一切的宗教观念，在东方和中国那是因果的原故，虽为帝王，也逃不出因果报应的规律。阎王、玉皇大帝、上帝本身，也一样逃不出因果的规律。因果并不只是佛教的教理，在佛教未进入中国以前，中国的《易经》，全部都是讲因果的道理。佛教进入中国之后，因果之说就更加重了份量，而且更普遍了。所以刘全进瓜以及后来的唐僧取经，这一连串的描述，都是基于因果的观念所发展出来的。

《孟子》这里的一段也是基于这种观念而来的。如果不懂得这一哲学，就看不出孟子这里讲些什么，也许会说他是“迷信”祭祀，其实不然。

他说：古代祭祀，作为祭品的五谷和牲口，如粮食、猪、羊、牛之类，已经准备得完全整齐了。“粢”是用四五月间第一季的新稻米所煮的饭。现在殡仪馆中行祭礼，献花、献爵以后就不再献什么了，过去至少要献三次爵，还要献三牲或五牲。更盛大的还要献十大碗菜，而茶、饭、羹汤、财帛也是必献的。在献饭的时候，赞礼的礼生（现代的司仪）就高唱“献粢盛”。“粢盛既洁”是说祭祀的饭也准备得很洁净，可是祭拜尽管祭拜，拜了半天，田里正需水的时候偏偏干旱，禾苗枯死；正要太阳晒稻谷的时候，偏偏大台风，接连霪雨，收来的谷子发了芽。证明神不管事了，那就把原来的社稷神请下来，换换位置。由此就看到人权有多大，尽管社稷重于君，而生民——老百姓的生活生命更重要，所以“民为贵”。老百姓是最重要的，为了生民，也可以变置社稷。所以讲到这一段，一开始我就告诉大家，“民为贵”的“贵”字，是“重要”的意思，不是说老百姓很“珍贵”，要像珠宝一样藏到保险箱中，或卖个高价钱。

再从“变置社稷”上看，中国的文化，神权超越了人主之权，大家都恭敬祭拜，可是拜了不灵的话，照样请下来，变更位置。中国人的玉皇大帝，高在三十三天之上，等于西方人的上帝，我们不知道大帝和上帝，有没有在天上见面打过交道。这位玉皇大帝，是姜太公封神时候封的，本来姓张。最近不知道谁接到三十三天的电报，说玉皇大帝已经换了人，大概是忘了放什么文曲星、武曲星下凡来管事，或者不小心让天罡地煞者流到凡尘来捣蛋，把全世界搅得乱糟糟，有亏职守，只好下台，由姓关的关羽接了帝位。所以现在是“玉皇大帝关”，关大帝吃香了。

如果研究中国的宗教，固然不像西方人说的中国无宗教，但也不一定是多神教或一神教，中国可以说是民主的宗教或宗教民主，对哪一个神都好。耶稣来了，请上坐！释迦牟尼来了，请上坐！穆罕默德来了，也请上坐！谁来了都好，都请上坐。结果大家“团团坐，吃果果”，五教合一，都好。凡是做好人做好事，都值得恭敬，都值得拜的。如果做了坏事，就使用民权，把你换掉，就再也不拜你了，这是中国文化中宗教的特征。从这一方面去研究，就知道中国的政治哲学是人道第一。

西方的宗教，上帝永远是上帝，也讲长生不老的。所谓永生，是人死了以后，等到世界末日，这些灵魂都复活了，接受神的审判。但是，人永远不能做上帝。中国与西方不同，玉皇大帝如果犯错而堕落，一样下地狱；人的道德够了，也可以成佛，也可以做玉皇大帝。如果研究比较宗教，那是一大学问，妙不可言。

孟子这段话是说，神有无上权威，如果道德不够，一样要请他下来。菩萨是人造的，人不拜他，他成什么菩萨！至于说上帝，不去信他，你上你的帝，我下我的帝，也无不可，这是人道的重要。那么儒家的人道，是以什么为中心呢？以“心性德行”为中心，一个人的心地不好，一切都完了。

回头再看“民为贵”三个字，民就是人或人们，以人的意志决定一切。意志的进一层，就是“心性德行”决定一切，这是中国固有文化中，一个很深奥的政治哲学思想。我们看下面一段，更可明白这个道理。

百世之师——圣人

孟子曰：“圣人，百世之师也；伯夷、柳下惠是也。故闻伯夷之风者，顽夫廉，懦夫有立志；闻柳下惠之风者，薄夫敦，鄙夫宽。奋乎百世之上，百世之下。闻者莫不兴起也。非圣人而能若是乎？而况于亲炙之者乎！”

孟子曰：“仁也者，人也。合而言之，道也。”

孟子曰：“孔子之去鲁，曰：‘迟迟吾行也！’去父母国之道也。去齐，接淅而行。去他国之道也。”

孟子这是讲人道，也是讲人文文化修养的重要。在人文文化方面，成就最大的人，中国人称之为圣人，就是“有道之士”。但并不是专指尧、舜、禹、汤、文、武、周公、孔子诸圣人中的某一人。圣人多得很，有道之士都可以称圣人，也就是道家庄子所称的真人。

圣人是千秋万代的师表，如释迦牟尼，在宗教的立场他是“教主”。这“教主”一词，是西方文化的名词，表示其权威性。不过东方的宗教，没有这种君权的权威性，所以释迦牟尼被尊称为“本师”，就是师道的意思。他是人天之师，一切众生的大老师，所以佛教到了中国以后，与重视师道的中国文化，一拍即合。中国文化的“君道”尚在“师道”之下。过去在帝王制度时代，皇帝请大臣教皇太子读书，皇帝照样要敬礼老师，然后把皇太子交给老师去教育。老师教皇太子也不简单，先向皇帝拜一拜，然后坐下来；皇帝或皇太子再向老师拜一拜，然后开始讲书。如果这个皇太子学生不对，当老师的仍然可以训斥的。

宋朝和清朝，都曾经有过这样的故事。小太子读书不用功，太傅很严厉地训斥他，而且要处罚。这个小太子回到后宫后，向皇太后哭诉，皇太后听了不高兴说：“算了，不要他教也可以，为什么要挨他的骂？这老头真讨厌。”第二天，太子不到上书房读书了，这位太傅跑去问皇太后，皇太后说："反正我家的孩子读书也做皇帝，不读书也做皇帝。"这位太傅毫不客气地说："皇太后你说的话固然不错，可是读书是能做圣君，不读书是做昏君。"皇太后一听，赶快说："对对，太傅说得对，我错了。"于是仍然把小太子送去上学，听老师的教诲。这就是师道的尊严。

说到师道尊严，教师节那天，有一位同学说起，好几年以来，每逢孔子圣诞——教师节这一天，报章、杂志、电视，都说要"尊师重道"，可是所谈的只是如何尊师，却没有说如何"重道"。况且师都尊不了，重的又是什么道？连什么是道，都讲不出一个所以然来。这位同学所讲的这些话，不能说不是事实，也不能说没有道理。

孟子说圣人是"百世之师"，意思就是讲人道的精神。他并且举出例子，所谓古圣先贤，历史上多得是，所以人要多读历史，但并不是现在大学里读历史的态度与方法。现在大学历史系读历史，是用西方教学的方式，所谓"客观"的习惯，研究某一段历史经济对不对，或教育对不对等等，自己已经先有个主观的观念去研究，瞎批评，好像自己的学问比历史还伟大。一个人除非自己已经通古今之变，究天人之际，才能批评历史。再说什么叫客观？人本来就在历史中，是历史的一分子，又如何能客观？所以，读历史不是为了做一个历史学者，是要懂得历史，吸取做人做事的经验，使自己做人做事更圆满。

孟子这里举出伯夷、柳下惠两个圣人为例，伯夷薄帝王而不为，为了挑起文化的担子，可以当帝王而不去做；柳下惠也有他独立的人格与抱负。这两个人，前面已经多次提到，他们的文化精神，在人品上为后世树立了一个做人做事的榜样。伯夷叔齐两兄弟，硬是饿死在山中。所以孟子说，伯夷的一生，他这种风气的影响，可以使“顽夫廉”，使那些冥顽不灵、头脑不清楚的人，变成“廉”，就是头脑清楚，人格升华绝俗的人；使“懦夫有立志”，使那种懦弱的，站不起来、生活散漫怠惰的人，也能够立志，顶天立地地站起来。

伯夷的风范，是岩岩独立的，以禅宗的话来说，他是“高高山顶立”；而柳下惠的风范，则是“深深海底行”。柳下惠一切随和，但自己人格不受影响，站在师道的立场，开展风气。所以孟子说他“不羞污君”，跟随任何一个领导人都可以。换言之，伯夷是罗汉道，柳下惠是菩萨道，他可以使“薄夫”、“鄙夫”，粗浅轻薄的人，文化、教育、思想没有深度的人，变得宽厚。柳下惠生活在滔滔乱世之中，本身无懈可击，他高尚的道德，可以感化人，受他影响的“鄙夫”，都会变成胸襟宽宏的人。

所谓“鄙夫”之“鄙”，前天有一位老朋友谈起，一位有钱的年轻太太，驾了自用汽车，在街上和摩托车相撞了，双方互相指责。在争执激烈的时候，这位年轻的太太，将手一伸，露出她手上戴的大钻戒，向对方吼道：“你睁开眼睛看看，我有这个身价，还会撞你的车子吗！”真不知道她哪里来的逻辑，人格可以用钻石来计算吗？这样的人就是“鄙夫”，鄙俗不堪。财富并不足以表现人格，人格是无价之宝，即使穷到衣食俱无，而有顶天立地精神的人，就值得钦佩，不然就是“鄙夫”。“鄙”也常与吝字连在一起，所谓鄙吝，心地很窄，度量很小，眼光很短，但受了柳下惠那种风范的影响，心胸也能宽宏开阔起来，从钱眼中退出来，看得见广大的天地。

孟子举的这两个例子，包括四种人：“顽夫”、“懦夫”、“薄夫”、“鄙夫”，都是普遍存在于社会中的人；而教育的目的，是使这类人改变过来，也就是学问之道在变化气质的道理。修行是修正心理行为，然后就可更进一步，向成为圣人的路上迈进。所以“廉”、“立志”、敦厚、宽宏，也就是圣人之道，人的修养应该如此。

诚意正心，修身养性，本是建立高尚人格最初步的修养，是基础；初步基础打好以后，才谈得到修行。至于圣人境界，还要在修行以后，经历很长的一段路程，才能够达到。例如一般人讲“修行”，这个行字就是随时随地反观自照，修正自己生理和心理的行为，行就是功德，大乘菩萨就是走这个路子。

儒家、佛家都要如此，便是“奋乎百世之上，百世之下，闻者莫不兴起也”。这两句话，只有世界上的几位教主们、大圣人们才可以当得起。如孔子、老子、释迦牟尼都当得起，奋然而顶天立地站起来，前无古人，而且没有时间、空间的限制，其精神志业，充沛于宇宙，万古常新。如佛法所说的“无见顶相”，就是“奋乎百世之上”的精神，太高太高了，看不到顶，人格就要修养到这样高。于是，千秋万代，接受这种文化的洗礼，人格的熏陶，每个人都闻风而起，站起来去学做圣人。

孟子说，如果不是圣人，能够做得到这个境界吗？那些受了圣人教化影响的人，百年以后，人人都能奋发向上。“而况于亲炙之者乎”，何况曾经亲自受圣人的熏陶、教育的人呢。孟子这句话很妙，似乎隐约间是指他自己。孟子虽然没有“亲炙”过孔子，可也是子思的学生，等于是再传的弟子。

孟子“而况于亲炙之者乎”这句话，连着上文看，就是说，在圣人风范的影响之下，远在百世以后的人，尚且没有不站起来的；更何况亲自受过这种教育的人，一定有他独立不移的超越人格，可以站起来。

因此，他为圣人之道的“仁”下定义说：“仁也者，人也。合而言之，道也。”

什么是仁？从孔子的学生开始，大家找了半天，后世的人，大都根据韩愈“博爱之谓仁”那句话，以为仁就是博爱，这是误解。韩愈是研究墨子的专家，墨子主张“兼爱”，所以韩愈袭用墨子“兼爱”变成“博爱之谓仁”，其实这并不是孔子的本意。孟子这里解释得很清楚，仁道就是人道，合而言之就是道。人道以心为中心，孟子本篇“尽心”就是道，就是佛家说的明心见性，这就是道。尽其心，就是道，仁就是这个道。

所谓道，也就是行，仁道就是仁见诸行为。于是孟子说到孔子的行为：“孔子之去鲁，曰：‘迟迟吾行也！’去父母国之道也。去齐，接淅而行。去他国之道也。”孔子去周游列国，要离开父母之国，是不得已，当然很难，天天说要走，却迟迟地没有走，拖延了很久才走成。因为对自己的国家，自己的文化风尚，有无限的感情，人的感情自然是如此。孔子离开齐国，是离开别人的国家，一不对就即刻走，甚至米洗好要煮饭了，不但不等到吃了饭走，甚至捞起了洗湿的米就走，不做片刻逗留，这是离开他国之道。在人家的国土上，合则留，不合则去，这种精神是应该崇敬和效法的。尤其现代青年，出国的时候，如果对自己文化有了深刻的了解，碰到于国家民族有关的问题，乃至人家的政策有不合理处，就要秉持此一精神。所以无论如何，还是自己祖宗之国、父母之邦好，不能忘记。

这一段话前面已经讲过，现在又放在这里，一则是孟子将要离开齐国了；其次也是告诉我们圣人的风范，对自己祖宗之国、父母之邦的崇高情感，可示范于天下后人。于是他再说孔子的一段故事。

孟子曰："君子之戹于陈、蔡之间，无上下之交也。"

他说，孔子当年离开卫国以后，在陈蔡之间，带了一批学生，几天没有饭吃，外面还有一些人包围，要打算杀他。孔子这时又穷又危险，可是他还在那里弹琴。这时子路受不了啦，跑去问孔子说，圣人也会饿饭吗？孔子告诉他"君子固穷，小人穷斯滥矣"，开导他一番。这里孟子说，孔子周游列国，都受到尊敬，为什么在陈蔡这个三不管的地带，会遭遇这种困难呢？因为在这两国政府的上层，孔子没有朋友；在这两国的社会中，孔子也没有朋友。

孟子的“无上下之交”这句话，说明两种事：一是做人之道，人处身社会之中，要交朋友，没有朋友，孤立无援不行。孟子要离开齐国时，也有这样处境，非走不可。第二，欲行其道，要上下都有交往才行，这就是外务的重要。一个人成功一件事业，对于上下左右建立关系相当重要。

青年人要知道，一生的处境必须要有“上下之交”。但如何交？交朋友有道，这在四书里说得很多，要建立自己的人格，了解友道的精神，才可以做事业。

谁人背后无人说

貉稽曰：“稽大不理于口。”

孟子曰：“无伤也，士憎兹多口。《诗》云：‘忧心悄悄，愠于群小。’孔子也。‘肆不殄厥愠，亦不陨厥问。’文王也。”

孟子曰：“贤者以其昭昭，使人昭昭；今以其昏昏，使人昭昭。”

貉稽对孟子说，“稽大不理于口”，这个“理”字，古人认为是“赖”字，好像现在的青年人，常说某事不“赖”，这个“赖”字，也许是从这句话来的，在我们的语言文化中，已经有几千年历史，后来可能在唐朝宋朝，被人改做“理”字。貉稽是齐国人，人品很好，官也做得很好，只是攻讦他的人太多了。

孟子说：没有关系，“士憎兹多口”。“憎”就是憎恨，但古人考据，古书上是“增”字，后来也是在唐宋之间，有人觉得增字很难解释，改成“憎”字，而意思也就是“憎”。这句话是说，一个读书人在社会上，没有不被批评的。作为一个人，不要怕人批评。一般惹人厌的是一张嘴，吃饱饭专门挑人家的是非。中国人讲修养，在儿童课外读物中，有一本《昔时贤文》，这本书把许多诗句、格言编成韵文读本，其中就有两句说：“谁人背后无人说，哪个人前不说人。”人与人相遇，一定说到第三人，说到别人对或不对，这就有是非了。只有两个人没有人背后批评，一个是已经死了的无名古人，一个是还没有生出来的人。孟子回答貉稽的话，虽不是如此说，但含有这个意思。也等于说，你做你的官，你自有你的人格，社会上的是非随时都有。古人说：“是非终日有，不听自然无。”你不要去理它，自然就没有了。

孟子进一步再解释说：“‘忧心悄悄，愠于群小。’孔子也。”孔子晚年，也有一些对他不满的人，几千年来都有人骂孔子，直到前几年，毛泽东还大力提倡批孔扬秦。孔子当年周游列国，并不像我们现在出国观光这样舒服，他到每一个国家，都被那里的小人骂。孔子一辈子都遭小人的嫉妒，倒霉透顶，只是比耶稣好命，因为耶稣还被钉死在十字架上。当然，最高明的，还是释迦牟尼佛，两手一摊开，人家就跪下来。孔子当时的情况，就好比《诗经·邶风·柏舟》所咏叹的，“忧心悄悄”，心里担忧天下国家事，但这种忧虑，只能悄悄摆在心里，讲不出来，没有办法可对人坦言。不但如此，并且还经常碰到一般的小人反对他，从各种角度来批评他，这就是“愠于群小”。

前人有两句感叹人生的名言说：“人历长途倦老眼，事多失意怕深谈。”一个人几十年生活下来，的确是一个长途，做人做事的经历，在人生这条路上看多了，也走怕了。过去的事，多半是失意的，朋友谈起，也不愿深谈，因为越谈越烦越痛苦。这两句诗深刻得很，是用几十年人生经验写出来的，也就是孔子当年“忧心悄悄，愠于群小”的况味。一个人对国家天下大事，虽然看清楚了，可是却无法讲，又能向谁讲，向谁建议进言呢？孔子尚且遭遇如此，你貉稽受人攻讦，又有什么稀奇？又有什么可怕？

还有《诗经·大雅·緜》篇说的：“肆不殄厥愠，亦不陨厥问。”这是文王的遭遇，当年文王兴起的时候，那些边疆的民族，对他这样一个了不起的圣人，道德又非常好的人，仍不满意，不过不敢动，只有在心里反感。可是文王也不以为意，这些人虽然不满意，还是要来听他的教化，而文王照样的教育他们，这就是文王。

这些就说明了人生在世，受批评没有什么不得了；如果对人家的批评过分认真，那一天也活不下去。但是要注意批评，“有则改之”，如果人家的批评是对的，就要改过来；“无则加勉”，自己如果没有错误，就勉励自己，不要去犯这个错误就好了。

这一段是孟子答复别人，谈人生修养的话。青年人听了会有小感触，可能不会有大感想，要等年纪大了，才会知道“谤随名高”的道理。一个人名气越大，被骂的机会越多，骂你的人也越多。有些人为了想出锋头，专挑有名气的人横加攻讦。这时候，有名气的人，一定要学会容忍，否则回他一句，他就达到了目的，到处宣扬“某某人和我辩论，如何如何……”这是一种很鄙俗卑下的手段。

但既然听到了反面的诽谤，也不要掉以轻心，要反省自己，严格检查，在自己的心理、行为、道德上如有过错，立刻要改，因为别人的话，有时并不一定是讪谤。假使自己问心无愧，仰不愧于天，俯不怍于人，则心不负人，面无惭色，听到了谤言，也没有关系，只要学佛家的“忍辱”就是了。

永嘉大师的《证道歌》说：“从他谤，任他非，把火烧天徒自疲，我闻恰似饮甘露，销融顿入不思议。”人就要做到这样。一个人的名位高了，所受到的反对与攻击会更激烈。后世所崇敬的圣人，在当时的遭遇却是非常痛苦的。从历史上我们得了一个教训，要想做圣人，一定要从极痛苦中站起来，问题在于受不受得了这种痛苦。

一个知识分子，做人、做事、做官，基本上都要有这样的修养，受得起批评，痛切反省，修正自己，这是儒家，也就是佛家，也就是修道。不要以为打坐做工夫才是修道，打坐有工夫的人，如果给他两个耳光，骂他一顿，看他的工夫还有没有？本来打坐清净为“梵行”，这时他就变成了“焚行”，一下子把他自己所有的工夫都烧光了。这是由于受刺激之故，还不算数；如果好话来了，恭维的来了，那比打两个耳光还厉害，那可会把你深深地活埋了。所以不要怕批评，更可怕的是恭维，接受恭维，就是心中想超人一等。说得好听是自尊心，实际上就是我慢，是我相的一种表现，所以每一面都要注意到，才是修行。

孟子作结论说：“贤者”，高明的人，就是佛家开悟的人。“昭昭”是自己明明白白，使他人也明白，也就是自觉觉他。而现在的人，自己还是“昏昏”的，还去教人跟着他的样子去开悟，以此“误”而教人“悟”，那可能吗？被教的人也误以为误即是悟，那真是误上加误了。

在几千年前孟子的时代，人们就是如此，几千年后的今天，人们仍是如此。所以我说，不论古今中外，人类就只是这样一种生态，没有高明到哪去，时代也没有什么大的改变。

这种“今以其昏昏，使人昭昭”的典型，在《西游记》里有，就是孙悟空的结拜哥哥，外号牛魔王的。孙悟空是代表心，有一个糊涂的、动感情的心，就是他哥哥牛魔王，自己“昏昏”而想“使人昭昭”；再加上牛魔王的太太铁扇公主，拿了一把大芭蕉扇，在旁边一扇火——欲火，这个世界，当然非乱不可了。

路是走出来的

孟子谓高子曰：“山径之蹊间，介然用之而成路；为间不用，则茅塞之矣。今茅塞子之心矣。”

高子曰：“禹之声，尚文王之声。”

孟子曰：“何以言之？”

曰：“以追蠡。”

曰：“是奚足哉！城门之轨，两马之力与？”

这是很有趣的对话，也是关于心的应用的重要问题。

孟子对高子说：“山径之蹊间”，那些山上只堪容脚的小路，最初是一个人，为了割草或者砍柴，在一个本来无路的荒山上，慢慢选择好下脚、更近便的地方走过去；第二个人也跟着他的脚迹走，然后慢慢其他的人也跟着走，于是就走出一条小路来了。我们在抗战时期，大家投奔大后方，避开日本人的封锁线，越岭翻山时，前面没有路了，就自己找路；找不到路时，就看清楚方向，这样一个人一个人走过去，终于走出一条路来。所以当时流行一句话："路是人走出来的。"后来更将这句话，扩大应用到生活上、工作上、事业上。每当遇到困难，乃至走投无路的时候，就用这句话来鼓励自己或别人，要勇往直前，克服难关。这就是"介然用之而成路"。

可是，这条路，只要间隔一些时候没人去走，就又长出茅草把路埋住，连看也看不见了。孟子对高子说：现在你既未明心，又未见性，就因为你心里长了一堆茅草，思想被茅草塞住，没有出路。

庄子跟人辩论，也说过这样一句话："夫子犹有蓬之心也夫。"古代说圣人心有九窍，非常灵通。普通人只有七窍，更愚痴的人连七窍也不灵通，像是被茅草塞住了。后世骂人不通世事为"草包"或"不开窍"，就是从孟子、庄子这些典故来的。由于听了别人的一番话而懂了这桩事，每每说"茅塞顿开"，这句话，也是从《孟子》这里脱胎而来的，表示接受了你的教导，塞在我心里的一堆茅草，一下子就消失了，此心豁然开朗，灵通起来了。

孟子在这里是说，心是要用的，心不用就会塞住；近人曾国藩也说，头脑越用越灵光，不用就闭塞了。很多人学佛、学打坐，拼命“除妄念”，学到后来，不去用心，心都不想动了。不但做不到不动心，坐在那里内在妄念，意识心动得更厉害，比在运动场上还辛苦，刚按下这个念头，又上来那一个念头，这个下，那个上，七上八下，上上下下，最后神经都烦乱了，这是心中在开“水上按葫芦”的运动会。现在一般学心性修养的，先求“不起妄念”，以为没有思想就是禅，那糟糕得很，不但不是禅，连蝉都学不成。

照佛法而言，如果修到一个念头也不起来，是大昏沉、大无明，所得的果报，相同于畜生道。畜生道的代表就是猪，一天到晚吃饱了没有事，昏昏迷迷的。实际上这是冤枉了猪。据生物学家研究，猪绝顶聪明，而且最爱干净，因为他看到脏的地方，就用嘴去擦干净。在我们古代也有类似说法。《西游记》里说，唐僧取经，走到一条稀柿衕，几百里地，又脏又臭，通不过。唐僧找孙悟空也没有办法，就找猪八戒，猪八戒要求饱餐一顿以后，摇身一变，恢复猪的原形，终于把这条路搞通了。

这个故事，包含了很多意义，也有修道工夫的道理。修道的人，消化不良，肠胃不清，因此会造成上面打嗝，下面放屁的情况，就相当于猪八戒在打通这条稀柿衕。人的肠胃要完全清理通畅，气脉才能够打通。另一方面，这部小说是明朝人写的，我们从而知道，中国古代的人，早已经认为猪是爱干净的。

禅宗教我们修的八正道，其中就有“正思”，禅宗的“参”就是正思维——正思，如止观，定中起观，就是正思维，所以不用心不行。许多人盘起腿，以为心里一点意识的清静就是道，如果这样下去不用心，就是“茅塞子之心矣”，心就不起作用，不能用了。

所以儒家的道理，和佛家的大乘道，以及佛家的戒律，都是一样的，先在行为上注意，就是在智慧上着手。如果向修养的路上走，而没有得到禅定的话，就要改为用心正思维。

有一本明朝人写的《笑禅录》，这本书并不是攻讦或讥笑学禅的人，而是叙说一些学禅的人，走错了路，修得不正确的一些笑话。其中有一则故事说，一位斋公学禅打坐，一次坐到五更天，忽然想到某人某天借了一斗大麦未还，于是叫醒老婆说，打坐真好，否则大麦就被骗去了。

《笑禅录》上还有一则笑话，说有一个和尚出去化缘，到了天黑，还没有找到庙宇挂单。那乡下仅有一幢独立房屋，他只好去敲门请求借宿。应门的是一个女人。和尚说明来意，这位妇人说：“我家里没有人。”和尚说：“有你。”意思是你不是人吗。妇人又说：“我家里没有男人。”和尚说：“有我。”意思是我不是男人吗。

这两个笑话，固然令人发噱，但在笑后再思考一下，是含有深意的。简单地说，这样就是人，人还只是人。深一层的道理，就是讲学禅的用心，没有达到禅定的境界，没有达到“悟”的境界，光是用心去做，也就会变成《笑禅录》中的情形，也是不正确的。

接着高子又请教孟子一个问题。

我国上古时代，音乐最发达，水平最高，那是舜的时代，当时非常注重音乐。后来舜传位给禹，禹也很注重音乐。到了后世的音乐，一代不如一代了。所以孔子很感叹，他在齐国时，听到了舜时的韶乐，三月内，忘了肉味的鲜美。他推崇说："不图为乐之至于斯也。"孟子晚孔子百余年，距离文王已是六七百年了。

高子问孟子说："禹之声，尚文王之声"，据我研究传统文化的历史，禹王时代的音乐，可能非常非常发达，比周文王时代更重视，也更发达。

孟子说：你这句话，是根据什么来说的？高子说"以追蠡"，以他的考据，发现一件禹王时代的乐器"蠡"，就是钟纽，悬挂那个钟顶的纽子，因为敲钟时，钟纽摇摆太多，而磨损得只剩了一点点，可见当时天天都在演奏音乐。

孟子说："是奚足哉！城门之轨，两马之力与？"你这样研究，提出来的理由并不充分。你看那城门口的车道，难道是两匹马拖的马车，所辗出这样深的车道吗？这是经过长时间，经过许多马车的辗压，才能形成这样深的车道。这就是说，大禹时代的那口钟，钟纽所以会磨损到那个程度，也正像城门口的车轨一样，是经过了很长的时间，多人的敲打，无数次的摇摆，才形成的，并不是短时间内敲击而成的。

这里为什么插上这一段讨论乐器和车轨的事呢？好像毫不相干。我们可不能照宋儒那样圈断了去看，现在连着上文看，就很明白。

上面说心不能不用，这一段，也正是说用心之道。一个人的学问，不用心去研究，是不会有成就的。今天刚学，明天就想会，是做不到的。尤其学佛打坐的人，每天盘了几个小时的腿，守心一处，而不作正思惟，等于自己拿茅草塞住心，然后又想开悟，可能吗？这就是“城门之轨，两马之力与”，不是短时间的功夫所能造成的。

冯妇的遭遇

齐饥，陈臻曰：“国人皆以夫子将复为发棠，殆不可复?”

孟子曰：“是为冯妇也。晋人有冯妇者，善搏虎；卒为善士。则之野，有众逐虎，虎负嵎，莫之敢撄。望见冯妇，趋而迎之。冯妇攘臂下车，众皆悦之。其为士者笑之。”

这里先要解决文字上的几个问题：第一、“冯妇”是个人名，今人乃至有些古人，往往解释为一个姓冯的妇人，而“重作冯妇”这句成语，有人解释为“姓冯的妇人再嫁”。这种解释是误解的笑话了。因为冯妇是一个男子的姓名，他姓冯名妇。在古代常有人以“妇”字命名的。第二、“卒为善，士则之野”，是有问题的，古人的断句是“卒为善士。则之野”。第三、“众皆悦之。其为，士者笑之”，这样断句也有问题，古人的句读是“众皆悦之。其为士者笑之”。这两处古今标点不同。我的意见认为今人错了，最初以为是我的“专利”，不久前读到明朝人的一本书，里面的看法和我的一样。从这点看，一个人不可以轻视天下的人和事，前人也有过同样的主张，由此也证明应该多读书。

齐国有一年发生大饥荒，老百姓有饿死的。当时孟子在齐国为客卿，齐宣王还会听听孟子的话，所以孟子看到这种情形，认为如果继续下去的话，将会不得了。于是劝齐宣王，把“棠”这个地方的国家仓库打开，放粮救饥度荒年。因孟子的一句话，救活了齐国无数的老百姓。

后来大概孟子要离开齐国的时候，齐国又遭大饥荒，孟子的学生陈臻对老师说：我们齐国的老百姓，心里都在想，孟老夫子还在我们齐国，或者会再劝齐王开仓救灾吧！不过，您现在只是齐国的客人，恐怕不愿意再说话了吧！

孟子说：“是为冯妇也。”假使我再去说，那就同“冯妇”一样了。晋国有一个名叫冯妇的人，“善搏虎”，很会打老虎。冯妇也像历史上晋朝有名的周处一样，最后洗手不干了。冯妇与几个弱不禁风的人，到野外去郊游，遇到一大批人，追逐一只老虎。这只老虎，最后跑到一个山角里，就是现代战术上所称的死角，采取“负嵎”抵抗的形势。所有追逐的人，都不敢逼近去捉。这时突然看到已经改过迁善的冯妇，和几个读书人来了，就赶上去欢迎。“冯妇攘臂下车”，冯妇一看到老虎，又有这么多人前来欢迎他去打虎，于是手臂一张，下车打老虎去了，大家都鼓掌欢呼。

可是他的这个行为，后来被一般人知道了，都笑他的习气还是不改。等于一个爱打牌的人，宣布戒赌以后，又偷偷去打牌，被人家讪笑一样。

孟子讲这个冯妇的故事，就是对陈臻说：我再也不会做这个傻事了，我不会像冯妇那样。

看来，孟子这样的做法，似乎有问题，让人很难理解。陈臻说大家饿得快要死了，你去跟齐王讲一句话，也许有效。但是孟子知道，这时的齐王，不会再听他的劝告了，如果他再伸手出去，也许这“老虎”要咬他一口，现在的“冯妇”已经老矣，不能再做了。

从这件事情，可以看到孟子处世的许多道理。第一个道理：一个人说话，要看时间、空间。孟子深知道“时”（时间）与“位”（立场）的重要。就像法家韩非子的文章“说难”，具有两个意义：一是说话很难，孔子说过，不该说的时候而说是失言，该说的时候不说就会失人；另一意义是“质难”，就是质问很不容易，也就是问难的意思。

第二个道理：冯妇这个人，虽然好勇斗狠，但有侠义精神。就好像司马迁写《史记》，特别写了《游侠列传》中的人一样。不过要注意，游侠和刺客不可以混为一谈。司马迁也写了《刺客列传》。游侠是云游四海，好侠仗义型的人物，有他的精神；刺客是专事行刺的人物，刺客有他的动机。若干武侠小说，将游侠与刺客混为一谈，这是错误的。游侠精神，是中华民族特有的，并不坏，而是“路见不平，拔刀相助，见义勇为”的。这种精神，在中华民族社会，是被大家喜爱、崇拜、尊敬的。但是，只喜欢别人有这种精神，而自己则躲避，不去做这种事情。这是人性的一个弱点，值得研究。

再看冯妇，原来是个侠客，刚才说了侠客并不坏，但侠得太过分，则成为好勇斗狠了。所以韩非子以法家的精神看他们，就觉得侠客这种人物很难办。他认为“侠以武犯禁”，社会上拳头硬，力气大的人，脑子里根本没有法令，自认我的拳头就是法令，我力气大你就得听我的，所以武人犯法的就多，就很难办。对于儒家，读书人，韩非子也认为很难办，所以韩非子同时说“儒以文乱法”，知识分子，书读得太多了，脑子灵活得很，一条法令到了读书人的面前，用自己的一套理解来辩论解释，他都有理，所以也很难办。在韩非子的心目中，“侠”与“儒”都是一样的难办，是推行法治的最大障碍，都要排除掉。

当然，这个“儒”不是指学孔孟之道的儒，而是指一般过分爱好思辩的读书人，所以秦始皇就把这样一批人坑了。开始的时候，秦始皇对这批人也很好，还封他们“博士”的官位，近于满清时代的翰林院位子。后来秦始皇有事情向他们咨询，问他们的意见，或者要他们提建议，他们当面唯唯诺诺，背地里又瞎批评，“腹诽”——肚子里反对，阳奉阴违。还有“处士横议”，这批人不走直路，不说正话，遇到事情，鸡蛋里挑骨头，横行霸道。所以秦始皇一气之下，把他们统统活埋了。但也只是活埋了这批“腹诽”、“横议”的人，并不是把所有的读书人都活埋。

在这个故事里，说到冯妇“卒为善士”，是他像周处除的三害一样，改好了，或者去读书了。而那些弱不禁风的书生们，看见老虎，束手无策，他们又对国家社会有什么用处？所以这个故事，也说到正反两面的道理。因为后来说到冯妇，看见这些同学对老虎怕成那个样子，至少心里在嘀咕：“你们这批窝囊废”！一定走过去说：“老虎有什么了不起，大猫一只而已，不要慌嘛！等它张开口，伸手抓它的舌头一扭，它也咬不下了，这有什么难！”这就是真勇。冯妇这样救人的侠义行为，却被一些读书人笑他旧习未改，依然好事。这就是前面说的“处士横议”，你做了坏事，他要讥笑；你做了好事，他也要讥笑，那些读书人就是喜欢批评别人。

前面孟子说的“士憎兹多口”，知识分子的是非特别多，不合他意的这一面，他批评；合他意的那一面，他不说。你对人好了，他说不可以，不分是非黑白；如对人不好，他又说你不慈悲。反正都是他对，书读多了，歪理有千条，说不过他。碰到这样的情形，只有“拳头大”来对付，打落他的门牙，不跟他讲理由，他也就讲不出歪理来了。

我这样解释《孟子》，连古人的句读也推翻了，似乎“胆大妄为”。但事实上，书要这样读，从正反两面，上下各方，各个角度去推敲研究才对，道理自然就会通了。

孟子说的“其为士者笑之”，也有责备齐国那些“横议之士”的含义，说他们的批评是不对的，这也就知道孟子快要离开齐国了，因为齐国可能有很多人在批评他。

由这个冯妇的故事，我们引用清朝末年几个文学家的诗，来作一番解释，可见对于读书人的看法，虽隔数千年，仍有相同之处。

（一）李星沅的对酒诗：

眼前睥睨傲群公　昨梦惊看海日红
世事登场原傀儡　书生放步即英雄
蛟龙卷甲藏霖雨　雕鹗梳翎待朔风
毕竟唐衢非俊物　向人垂涕哭途穷

孟子所谓冯妇的故事，也等于诗中“世事登场原傀儡，书生放步即英雄”两句所说；一部二十四史，也不过是一部二十四幕的脚本而已。孟子表示不愿再来演这出戏，当这个主角。而“书生放步即英雄”则是冯妇的写照，人有时候要做书生，但有时要做英雄。知识分子读多了书，就没有勇气，如果有丰富的知识，勇气又壮，毅力又强，那就是“书生放步即英雄”了。古人还有一句诗——“英雄退步作神仙”，是说英雄退休以后，可以去修身养性了。

（二）孟子讲冯妇的故事，也是说每一国家、每一政权，真正关心国家安危、老百姓福祉的，究竟有多少人？这是第二首诗的感叹。这首诗是清末光绪年间，李鸿章与苏俄办交涉失败的时代背景，题名《愤言》，共有八首，写得非常好，作者只署名“痴人”，真实姓名已经难以查考。其中一首说：

尽多优孟袭元冠　不少遗贤咏考盘
万里行师筹饷急　十年树木叹才难
谁能国事如家事　莫便偷安作治安
夜半鸡声真不恶　隔窗灯逼剑光寒

谁能够把国事当家事一样去办？那才是对国家民族的精忠。我们可不要把苟且偷安，当成了天下太平那样。诗中“谁能国事如家事，莫便偷安作治安”，可以说是道尽了当时的国情，也道出了历史上的许多辛酸。

（三）冯妇的故事，还可引出一首诗来。这首诗是光绪以后，一位名儒吴瀚涛写的。他的学问也很好，是中外闻名的留学生，比辜鸿铭还早。当时他正在华盛顿，对北京光绪皇帝被逼瀛台的一事写了八首诗，其中一首写道：

归来久分闭柴关　风卷闲云又出山
得意要须及年少　抚心讵肯避时艰
英雄肝胆千秋壮　儿女情怀一例删
沧海无情天地窄　驰驱容易误朱颜

像冯妇再出来打虎，为了救大众，死在虎口也不怕的那种精神，就是“英雄肝胆千秋壮”。在这个时候“儿女情怀一例删”，心里不会软绵绵地谈情说爱，春花秋月，都一剑挥断，统统抛弃了。这也就是上面一句“抚心讵肯避时艰”的精神。抚心自问，遇到国家民族艰难的时候，决不退避，宁可再做冯妇，就决定站出来了。

《孟子》冯妇这一段，放在人要用心一段的后面，是有非常深刻含义的。

穷理尽性以至于命

孟子曰：“口之于味也，目之于色也，耳之于声也，鼻之于臭也，四肢之于安佚也，性也，有命焉；君子不谓性也。仁之于父子也，义之于君臣也，礼之于宾主也，智之于贤者也，圣人之于天道也，命也，有性焉；君子不谓命也。”

这里开始，转到内在修养的道理。

首先的一段，是说人之常情：人的嘴巴、舌头辨味，要吃好的食物，眼睛要看美的东西，耳朵要听美妙的声音，鼻子爱嗅好闻的气味，四肢肉体爱安逸，懒于劳动，这是人的天性。其实人的一生，活了六十年，就有三十年躺在床上；再加上幼小时整天躺在床上一、二年；老年时期，如果健康欠佳，还很可能躺上十几年。所以，没有几年是站着的，四肢是贪图安逸的。这些都是“性也”，天性本来如此；但是其中“有命”。在中国“性”与“命”是分开的，“命”就是我们的生命，我们只要活着，就是佛家说的，就有眼、耳、鼻、舌、身、意等这六根本能的作用，这些作用中间就有个“命”的功能，这是很大的问题。有些人二三十岁“命”的功能就结束了，有些人七八十岁、一百岁才结束。

“性”是本体，心物一元，大家同根的；而“命”则各有不同。在这六根的作用上，只谈“命”，而不谈“性”。以声、色两个字来说，几千年来，不外乎三类东西，吃的、用的、穿的。除了这三类以外，古今中外再没有其他东西。但六根却随时在变化，尤其少年与老年不同，这个作用是“命”的功能了。

“命”的功能在人衰老时就渐消失了，与健壮时期，完全两样。现在有的人说，上一代与下一代有代沟，我认为没有什么代沟问题，几千年来，年年代代，都是如此。所谓“年年岁岁花相似，岁岁年年人不同”，因为老年人与年轻人，感受总有不同之处。也有人始终提出一个青少年问题来，认为代沟是问题之一，其实青少年也没有问题，唐朝名诗人刘禹锡的诗——“近来年少欺前辈，好染髭须学后生”，可见在古代也是如此。现在有许多人白发染黑，并不新鲜，从前人也是“好染髭须学后生”，要跟着年轻人后面走，不要自己落伍，以免形成了代沟。

这就是“命”。人的生命，一年一年过去，当然色、声、香、味、触的爱好，也就一年不同于一年。所以孟子说：有道之士，在这个上面，不谈性理，只谈后天的作用。注重后天生理的变化，那就要走道家或密宗的路子，先把这四大之身调整好，留形住世，长生不老，这是“命”的事。而悟道，明心见性，则是“性”，是形而上的事。

第二段孟子说，仁、义、礼、智、信，这类道德的作用则是“性”功，不是命功。所以学问修道，讲究修行，如果个性没有一点改变，而说自己悟了道，顶多是懂了道理，却没有用处。性功是要在行为上，不自知的，自然而然的，表现出与前不同的心性。所以君子在这一方面，不谈“命”，而讲“性”，明心见性之后，要见诸行。所以禅宗的沩山禅师告诉仰山说，“只贵子眼正，不说子行履”就是讲“性”，只要在见地、见解上清楚，依此修道，就是修性。

后人解释这两句话，说禅宗的行为，可以吊儿郎当，只要有见地就行，这是曲解。实际上，如果真正有了正见，明心见性以后，心理自然会有所改变，行为（行履）也自然会变。假使行为习气没有好转，就足证见地不清，所以才没有进步。命功是由“修为”来的，所以佛家要修戒定慧，离不开四禅八定；性功不走修定的路子，而要“般若”成就、“识见”透彻。

所以中国后来的道家，主张性命双修，只修性不修命就没有定功，要定功修到气脉都起了变化才行；但只是气脉起了变化，乃至做到出阴神、出阳神，如果心性的法门不通，也不行，也还属于“心外求法”的外道。所以修“命”到了这个出阴神、出阳神的地步，要赶快转向，把形而上的“性”理参透。

这里是孟子将“性”、“命”两个字提出来，把两样并修的道理，说得非常具体而积极。后面说得更为积极。

浩生不害问曰：“乐正子，何人也？”

孟子曰：“善人也，信人也。”

“何谓善？何谓信？”

曰：“可欲之谓善，有诸己之谓信，充实之谓美，充实而有光辉之谓大，大而化之之谓圣，圣而不可知之之谓神。乐正子，二之中，四之下也。”

乐正子是孟子的学生，在前面曾经有好几次提到过他，孟子也曾经训过他。最近一次提到，传说乐正子要出来当政，孟子非常高兴。别人还问孟子是不是有偏心，看见自己的学生当政就高兴。孟子说，因为乐正子是善人，善人当政，自然比坏人当政好。宋朝有一个类似的情形。有一个宰相的学生，出去做官，来向老师辞行。这位宰相说，你出去好好做官，千万不可以作怪，作怪就不是好官。意思是吩咐这个学生，不要玩自己的小聪明，要什么新花样，否则新花样一出来，上上下下一切都要受影响，发生变动。本来人事与事物的变动，宜乎渐变，如果突变，一切人与事不能配合协调，各方都会受到严重的损害。这里说到“善人”当政，也和要做好官的情形相似。

孟子另外一个学生名浩生不害，问孟子说，乐正子这位同学，是一个什么样的人物？学问修养，到什么程度？

孟子说：他是一个“善人”，就是佛经上说的“善男子，善女人”那样的好人。孟子又接着说：他比好人高一些，更是一个“信人”。

照表面的文字解释，“善人”就是善良的好人，“信人”就是有信用的人。其实世界上的人，谁都有信用，最坏的坏人也有信用，连行为与信用相反的骗子也有信用。他虽骗一般人，可不会骗他真正喜爱的人，对他心爱的亲人，还是有信用的。所以“信人”的“信”，不仅仅是信用的意思，还含有“信息”的意思。具体言之，是指修持的人，有工夫了，有把握了，已经透露了某些征象的人，就叫做“信人”。

浩生不害再问：“何谓善？何谓信？”到什么程度，才算是善？到什么程度才算是“正信”？

孟子说：“可欲之谓善，有诸己之谓信。”

先说“可欲”，就以大家修道学佛做工夫来说，有没有做到“可欲”？就是身体内部有没有发起快乐，做工夫要做到工夫来找你，不是你去找工夫。这是佛学中四加行中的发暖，就是发乐了。到了这个程度，随时在发暖，得到喜乐的境界，叫“可欲”。这才够得上第一步为“善人”，也才有资格成为佛经上称的“善男子，善女人”。可惜我们大家修道学佛做工夫，连“善人”的资格都还够不上。

第二步“有诸己之谓信”，工夫与身心打成一片了，所谓不再受到四大假合之身的影响，就是“信人”。到了这一步，就是四加行中的“暖、顶、忍、世第一法”，在世间是最高的法了。

不要以为孔子、孟子的修养，和佛家、道家不一样，其事其理是和佛、道相通的，就是所谓“内圣外王”之学。

大家都需要切实反省一下，自己达到“可欲”的境界没有？尤其一般的人，逼着他盘了几天腿，搞了几天修养，但是“新起茅厕三天新”，才用功了个把月，慢慢又冷淡下去了。再过一段时间，三天打鱼，两天晒网；最后弄成三天打鱼，一个月晒网，晒网的日子越来越多，连“可欲”都没有达到，“有诸己”则更谈不到了。

到了“有诸己”以后，进一步要“充实之谓美”。这个“充实”，不是自己的内部充实，而是孟子在前几章说的“浩然之气，充塞于天地之间”。这个时候就叫做“美”，也就是佛学中的“妙不可言”的境界了。

到了这一步以后，还没有达到最后阶段的圣境，还要“充实而有光辉之谓大”。不但“充实”，而且要发展到圆明清净的光明境界，也就是禅宗说的“光明寂照徧河沙”的境界；这也是《华严经》的经题“大方广”的意思。

这时虽大，但还没有到圣境。“大而化之之谓圣”，大了以后能够起神通变化的作用，有了圣智妙用，才达到圣人境界。孟子说“圣而不可知之之谓神”，圣到了不可知，不可言的境界，就叫做“神”，修养要到达这个程度。最后“出神入化”，连自己这个圣人的境界都舍掉，没有个圣人，到达没有圣人之相，没有我相，没有法相，才是究竟。

孟子在这里，把圣人修养的真学问、真方法、真工夫，全部公开出来了，这就是中国上古传统文化“穷理尽性以至于命”的系统原理。

对于浩生不害问乐正子修养问题，孟子答复说：乐正子是在“善人”与“信人”之间，其他的四步修养，“充实之谓美”、“充实而有光辉之谓大”、“大而化之之谓圣”、“圣而不可知之之谓神”，他还没有到。

孟子《尽心篇》到了这里，对于内圣外王之学，很明白地表达出来，并没有故弄玄虚，故作奥秘的玄妙姿态。所以，不论走道家的路或佛家的路线，这个原则几乎完全是相通的。

孟子的内圣外王之道，在这里到了一个高潮，也可以说，孟子把他一生修养的实证经验，作了一个大结论。下面是孟子的感叹。

巧妙的教育方法

孟子曰：“逃墨必归于杨，逃杨必归于儒。归，斯受之而已矣。今之与杨、墨辩者，如追放豚，既入其苙，又从而招之。”

孟子说，当时的文化思想，重点在杨墨二家之说。杨朱讲个人主义，拔一毛而利天下，不为也。墨子的学说，是讲大众福利的，也可以说是讲天下为公的，他主张摩顶放踵以利天下。当时思想界，正流行这两种大哲学，儒家则处于这两者之间。所以孟子说“逃墨必归于杨”，那些原来崇拜墨家的思想，欲走天下为公的路子，做到舍己利人利世的，结果做不到了，一定退回来，转向杨家走个人主义的路——为己。但是个个都为己的路，还是走不下去，两者比较下来，还是中庸之道，保留一部分适当地为己，适当地为他，所以“逃杨”的人，“必归于儒”，一定归于儒家。

假使一个人，起初胸襟汪洋博大，年轻的人狂气一来，不可一世的样子，后来还是逃墨归杨，只顾自己打坐，谁也不管了。现在他又逃杨归“妻”，结婚去了。年轻人最容易上自己的当了。人生不外三条路，一条是自欺，不自欺则欺人，再不然就是被人欺。

孟子说：对于这种人，逃到儒家来，就教他“斯受之而已矣”，意思是，你回家吧，安安稳稳先坐在自己家里，慢慢来，人生修养不是那么简单的，学说思想的研究不是那么容易的。以现代来说，大学的课本，只是传知识的工具，不能算是书；一本真正的书，那些活了二十几年的大学研究生，看不了几本。不要以为自己了不起，懂了思想学说，像我们到了这样一大把年纪，读了那么多书，看起书来，也还会常常惭愧得脸红。因为平日自以为了不起的见地、思想，在读到某一本书时，发现早在一两千年前的古人，就有了这样的思想，说过这样的话了。

孟子说：不必去和杨墨辩论，如果去辩论，就如拼命追跑掉的小猪，结果小猪跑到猪圈里了，人还跟在后面想招它回来。

这就等于谈到教育思想和方法的问题，一般家长或老师，对孩子的教育，就如赶小猪一样，拿一根棍子在后面猛追。一个孩子有了问题，是不能拿棍子在后面追的，越追得紧，这孩子跑得越快越远，说不定还会跌死。其实，就让他跑吧！不管他跑到哪里，你都可以知道。

在大陆农村的厕所，为了要利用粪便做肥料，多半是露天，在田野间或晒谷场的附近。乡下人家的孩子，都喜欢在田野或晒谷场游戏，不小心会跌进粪坑中，非常危险。家长不许孩子到那里玩，他们可偏喜欢去。有一个家长，从不去把孩子赶走，只悄悄放一根长竹竿在厕所旁边。有一天一个孩子果然跌下去了，他跑去拿起竹竿，伸到跌到粪坑里的孩子面前，叫孩子抓住，一下子就把孩子提出来了，没有被淹死。这孩子以后再也不去那里玩了。

这就是教育的道理，不让他去上一次当，吃一次苦，不置之死地而后生，光是追、赶、逼，是收不到效果的。所以孟子说，去和杨、墨两家辩论，就和赶小猪一样，也与不许小孩到厕所旁边玩一样，反而得到负面的效果。

还有第二种情形：“既入其苙，又从而招之。”孩子太乖了，老是在规定的范围内待着，不活动，又会埋怨孩子。人就是这样矛盾，对太老实的人，拼命教育他，启发他的思想；等他思想启发了，又会捣乱，这时又埋怨他了。这能埋怨他吗？是教育启发了他的思想才会这样啊。

这一段就这样几句话，教育的味道，世态的味道，社会的味道，被孟子讲完了。所以他在上面说“逃墨必归于杨，逃杨必归于儒”，这就是孟子的教育思想。他先在前面等着，等你东碰壁、西碰墙，没有出路，无路可走了，自然走到他的面前说：老师，救救我吧！于是他拿起竹竿说：抓住！把你提回来。就是这么一回事，这是教育的味道。做工夫也是这样，许多年轻人学道学佛，做工夫，我非常不赞成，我希望他们到外面，各种修养都学完了，全世界的修养工夫都学过了，能学到更好，学不到的时候，再回过头来学道学佛做工夫。

孟子这些话，只是一个话头，不只与教育思想有关，甚至与政治哲学、经济思想等都有关。大家要注意这是一个大的原则，他所提倡的尧舜的领导与教化，就是这样的，站在正路的路口先等着你，不怕你走错路，当你在岔路上吃了亏，拉一把救你回来。尧舜之道，就是这个路子。

财聚人散

孟子曰："有布缕之征，粟米之征，力役之征。君子用其一，缓其二。用其二而民有殍，用其三而父子离。"

这里讲古代的财税。中国以农立国，国家有了大事，需要钱用，就靠田赋抽税，如果遇到动乱的时候，各种税收都来了。在春秋战国时代，平常有三种税法，一是"布缕之征"，古代男耕女织，家家织布，不像现代有大规模纺织厂，所以那时有"布缕之征"，家里织了一匹布，要缴若干税。第二有"粟米之征"，到了收成的时候，按种田面积大小，抽若干税。第三项"力役之征"，抽劳力，一年中抽若干时日，为政府服务。后方服勤务，前方服兵役，都是力役之一。

孟子说：从政的人要注意，这三种税赋只能"用其一"，才是高明的治理之道。否则就是对老百姓玩手段，不是大政治家的做法，只算是小政客的手法。

他说，“用其一”而“缓其二”，是治道的原则。例如要老百姓出力的时候，就要减轻他们的税捐；要他们在财经上有所负担时，就必需让他们在力役上，得到适当的休息，才能重新生产。“用其二而民有殍”，如果用两项税，老百姓就会有人饿死了，社会经济枯竭了。假使遇到动乱的时候而用三，征布、征粮又征力役，造成家庭中父子、兄弟、夫妇离散，整个社会也可能分崩离析了。

天下有许多理论，听来绝对动人，但拿来付诸实行时，绝对错误。有些理论，听来非常平淡，用起来是最高明的。可惜许多研究政治哲学的思想家，不懂这个巧妙。

其实不止国家的财税问题如此，个人的事业也是如此。身为领导人，对于事业机构中人才的运用，也该征其一缓其二，要求一个人才，负责一件事；其他的事，就要叫他人分担。有的领导人，发现部下之中有一个人才，什么事都叫这个人去做；例如总务处办事效率高，于是把业务也交给总务处去办，这就不对了。

读书读活的，把“用其一，缓其二”的道理贯而通之，那样的话，各方面都可以应用自如了。

孟子曰：“诸侯之宝三：土地，人民，政事。宝珠玉者，殃必及身。”

这是孟子提的一个政治大原则。一个国家的领导人，如果是政治家，所领导的，就是“土地，人民，政事”三宝，这三种是真正的宝。如果一个国家的领袖，重视珍惜的是珠玉珍奇的话，灾难一定会很快光临到他身上。古今中外皆有这种事实，应验在帝王身上的很多，最著名的是明末的崇祯皇帝，就是李自成打进北京城后，在煤山上吊的那个皇帝。实际上他是一个好皇帝，品德也很好，就是有一个毛病，手撒不开，财货要抓在手里。流寇作乱，要筹饷用兵，他一直说没有钱，拼命向民间增加赋税。管理财政的大臣向他报告，不能再加税赋，老百姓已经没有力量负担了，建议他用皇室内库的钱。他还是不允许，说这是不能动用的。等他吊死煤山以后，流寇打开内库，里面多的是黄金、白银、财宝，供给一百万部队的军用都足够。这就是“宝珠玉者，殃必及身”。

青年人要注意一点，如果要想做一番事业，应该知道“财聚人散”的道理——钞票都到你口袋里，社会的人际关系就少了，没有“真朋友”了；“财散则人聚”，孟尝君就是这样，钞票撒得开，解决了别人的困难，自己的钱当然没有了，但是朋友多，人际关系多，有了苦难，则有朋友帮忙。孟子虽然说的是政治原则，用之于人生，也是一样。尽管在有形的财富方面，上无片瓦，下无立锥，然而还是有无形的财富土地，以及自己的学问、思想、人品、真理等。人生的立场站稳就有“土地”了；有了人格，就有同道的朋友，那就是“人民”；然后有了合乎道德的标准行为，就是“政事”。国家如此，个人也一样，“土地、人民、政事”，这三件是大宝，如果只重钞票，当然“殃必及身”。

盆成括仕于齐。孟子曰："死矣盆成括!"

盆成括见杀，门人问曰："夫子何以知其将见杀?"

曰："其为人也小有才，未闻君子之大道也，则足以杀其躯而已矣!"

小有才的危险

这一段的重点，在"小有才，未闻君子之大道"这句话。大家在平常批评别人时，包括历史上的人物和眼前的人物，常常会引用到这句话。例如有人提到某甲时，另一人会说："某甲小有才。"听来好像是一句赞美的话，其实批评的人，态度含蓄，没有把"未闻君子之大道"这句话说出来。对于这两句话的意义，如做深一层的研究，值得讨论的地方很多。但我们首先要注意的是：一个研究《孟子》，或做学问的知识分子，不要把自己培养成一个"小有才，未闻君子之大道"的人。现在，先解说原文。

盆成括这个人，有一次将要到齐国从政，担任重要的位置。孟子一听到这个消息就说：盆成括完了，一定要遭杀身之祸。结果不出孟子所料，后来盆成括被杀了。但是究竟为什么被杀，历史上很难找到详细的记载，因为过去的历史，尤其在秦汉以前，用竹简的时代，书写困难，对于这类事情的记载，都很简单，只说他被杀了。

后来孟子的学生问老师，为什么能在事先判断盆成括会被杀?

孟子的结论说，他"小有才，未闻君子之大道"。凡是这一类的人，如果出来负责任做大事，则难免遭杀身之祸，这几乎成为历史人事上的定例。上自帝王，下至老百姓，属于“小有才，未闻君子之大道”类型的人很多，而他们多数没有良好的结果。

大家都很熟悉的《三国演义》，诸葛亮平常最爱护的一个青年马谡，他是五兄弟中最小的，他聪明、有才华、有能力。诸葛亮非常喜欢他，一直在提拔他。刘备看到诸葛亮培植这个青年，好像准备教他做接棒人一样。不过，刘备看出了他的短处，就告诉诸葛亮：马谡这个人，不可以大用，因为他“言过其实”。马谡很会吹牛，无论讲到什么事，他都说有办法；实际上，事情到了重要关键处，由于他性情刚愎自用，反而坏事。

诸葛亮总觉得刘备这些话，是一种成见，心里不大同意，但刘备到底是老板，不便多作辩论。等到刘备死后，诸葛亮还是重用了马谡。诸葛亮六出祁山，在第一次出祁山北伐中原的战役中，允许马谡带兵作先锋，驻守前线最重要的据点街亭。可是马谡一到街亭，不按诸葛亮“当道”扎寨的布置，自行安营在制高点，也不听部下劝告，故此导致前线第一道防线被突破，全军覆没，使诸葛亮第一次出祁山的计划全盘失败。诸葛亮虽然爱他的才华，也只好依照军法，挥泪把他斩了。这时诸葛亮说：“悔不听先主（刘备）之言。”

从这一历史事件中，反映了几个问题：

首先，诸葛亮是了不起的人物，但他的了不起之处，又不如刘备的了不起。刘备善于识人用人，所以能用到诸葛亮。曹操和孙权都想拉拢诸葛亮，都不成功，他只愿意帮助刘备，可见刘备的确有过人之长。当然刘备也有不及诸葛亮的地方。但是当领袖的人，能够知人善任，是首先应具备的条件，从国家领袖到杂货店的老板，都应该如此。

其次，马谡这个人，聪明、有能力，也有决心，但是见地不远大，而且“我见”非常深，就是典型的“小有才，未闻君子之大道”了。

再扩而充之来讲，南唐李后主也是如此。他的词写得好，“车如流水马如龙，花月正春风”，的确很好，但这也是“小有才”，是文学之才，假使不当皇帝，那在文学史上，是千古一人的词家名手。可惜命不好，不幸当了皇帝，成为一个亡国之君。现在流行算命，这也是算命的原则，大家不要以为做皇帝的人一定命好，一个人如果命好，但是才不能成其德，才不能成其位，一样是失败。北宋的徽宗也是如此，诸如此类的事，非常之多。

我们用孟子这两句话，去看历史人物，乃至于反省一下自己，就会发现，自己往往也犯这个毛病——“小有才，未闻君子之大道”。

不过“君子之大道”又是什么呢？孟子在这两句话的后面，并没有加以详细说明。但《孟子》全书所言，就是“君子之大道”。若人们能把《论语》《大学》《中庸》《孟子》都参究透彻，那就可以了解何为“君子之大道”了。人生的大路应该如何走？有两个最好的榜样，就是孔子与孟子。

下面是阐述“小有才，未闻君子之大道”的道理：

孟子之滕，馆于上宫。有业屦于牖上，馆人求之弗得。或问之曰：“若是乎，从者之廋也！”

曰："子以是为窃屦来与？"

曰："殆非也。夫子之设科也，往者不追，来者不拒；苟以是心至，斯受之而已矣。"

这是孟子亲身经历的一件事。孟子有一次到滕国，滕文公对他非常恭敬，以自己一等的别墅，招待孟子，作为孟子临时住宿的行馆。这个别墅有一个管理人员，在孟子住进来之后，管理员放在窗台上的木鞋不见了。

"屦"是古代穿的鞋子，在那个时代，都是席地而坐。日本人的榻榻米，就是我们古代室内陈设的习惯，后来传到日本的。人一进大门，就要脱下鞋子，赤脚进入室内，所以穿的并不是皮鞋，也不是布底鞋，是日本人穿的木拖板。台湾光复之初，还有人穿这样的木屐。几十年前，湖南也还有人穿这种木拖板，或者下面钉些铁钉，名为钉鞋。广东、广西的人，民初时也流行穿木拖板，不过更为考究，在木板上镂刻花纹。因为穿木拖板，不穿袜子赤着脚，所以女孩子还在脚指甲上抹颜色。在木拖板的上面，用粗线编起来，或钉上一条布质的鞋面，就名为"屦"。

"业屦"依古人的解释，是正在做鞋子，快要做好了，叫做"业屦"。以前在公文中说一件事情已经办好了，就写"业已"两个字，这个"业"字不是事业的意思，是一个虚字，照字面很平实地来看，"业屦"就是做鞋子的人；也可以解释说是卖鞋子的。但也有古人辩论说，卖鞋子则鞋子绝对不可以搁在窗台上。古人这种话，实在是双槌击鼓，"不通"之论。这些都是文字上的小问题，不去多作讨论。

这里文字中说，上宫中的一个管理员，本来兼做鞋子，那天孟子带一批人来了，这位管理员忙于接待他们，匆匆忙忙将未做完的鞋子，随手搁在窗台上。等到招待的事办妥以后，再来拿这双鞋子，已经不见了。于是有人怀疑说：是不是孟子带来的这一批学生当中，有人是“三只手”，自己的鞋子穿破了，就把窗台上鞋子拿走了。当然这种事情，也是有可能的。在台湾光复之初，全是日本式房子，进门一定要脱鞋，就常有皮鞋被偷的事，甚至十几双鞋子，被小偷一麻袋装走。所以别人的怀疑，也是很普通的事。

有人则说：“子以是为窃屦来与？”你认为孟子带来的这一班同学们，是为了偷鞋子来的吗？你这不是侮辱这班人吗？他们是偷鞋子的人吗？——这几句话，古人有的解释是孟子说的，也有的认为是孟子的学生或别人说的。但到底是谁说的，并不重要，反正有人提出这样的意见。

于是又有人说：并不是说孟子的学生一定会偷鞋子。我们知道，孟子的教育态度，有时也和孔子的“有教无类”一样，宽大得很。孟子分科设教，对于学生的过去，纵然是做过强盗也罢，小偷也罢，他都不多追究、不多过问，因为过去的事，已经过去了，只要是改过迁善，来向他求教的，不管以前是好人坏人，他都不会拒绝。也许有一个同学，过去染了偷窃的习惯，又在路上把鞋子走破了，就把这双鞋子换穿上了。而在孟子方面，既不知道这位同学的过去，也不知道这件事，所以也不会追问，失鞋的也只有认了。

这只是孟子带领学生在滕国时所发生的一件小事，本来没有什么了不起，可是将这一段故事和对话放在这里，是为什么呢？古人的看法，重点在“往者不追，来者不拒”这两句话。以现代的话来说，儒家是只要你有心向善立志做好人，佛教是只要你发心忏悔，去恶从善，就可以既往不咎了。因为人人有过，肯改就是对的；至于说改过以后，坏习惯又复发，这也是很难保证的事，要看他改过以后的行为如何。

这是古人的说法，认为这段书的重点在“往者不追，来者不拒”这两句话，以阐述孟子教育精神的优点。

但我们今日从整篇来看，则发现这段的文字，是接着“小有才，未闻君子之大道也”的叙述。古人的解释，当然没有错，不过我们可以进一步做更深入的讨论。对于古人的解释，可以用禅宗的一句话来形容，那只是“担板汉”的见解。就是说，一个人在肩上担了一块木板走路，他只能看到前面，另一面看不见。要把这块板放下来，才能看清楚全面。这就是“小有才，未闻君子之大道也”的道理。

由《孟子》这一段，我们想起道家的《列子》。这部书最后以一个故事作结论，就是有名的“正昼攫金人”的故事。前面已经提到过，有人在大白天，在大家都看得见的情况下，拿了别人的黄金就走。《列子》这部书，说完了这个故事就结束了。后来有人考据，认为后面应该还有文章，但散失了；历代相传，都是这种说法。但在我看来，后面并没有什么文章，列子和庄子这两位道家人物，就是这么妙，讲话和禅宗的话头一样，如同歇后语只说了一半，另一半你们自己去参。这也是前面所说学“隐身法”的故事一样，世界上许多人，都是因“小有才”而蒙蔽了自己，或者是大糊涂蒙蔽了自己，都以为别人看不见自己所隐藏的这一面。这个闲话，说明许多人都有掩耳盗铃的心理与行为，所作所为，以为别人不知道，其实别人都知道。

这种奇怪的心理与行为，还不算什么，不过是小偷行径，小丈夫而已。有些自称为大丈夫的，连隐身法都不用，耳也不掩，认为你的就是我的，要拿就拿了，别人还不敢动他，这就是“正昼攫金人”，光天化日之下，堂而皇之来，把别人的东西就拿去了。就像历史上的人，把国家政权整个拿到手，也是“正昼攫金人”，一方面还要说些好听的“理由”，好听的名称。历史上这类故事很多，《列子》结尾的这个故事，也正是对历史批评所作的一个结论。

我们如果懂了列子之所以将“正昼攫金人”，作为他全书的结论，回过头来就知道，孟子用这个“失屦”的故事，放在“小有才，未闻君子之大道”这段后面，正是连贯一气的文章。到底孟子的学生之中，有没有人偷鞋子？很难断定；或说孟子的学生都是贤人，不会有人偷鞋子，这也很难讲。贤人之道，还没有修养到很高的境界，有时候习惯性的“顺手牵羊不为偷”也可能有之。禅宗有句话“偷巧心”，不肯脚踏实地去做，不肯吃苦头去做，用这样的偷心去发心，就会有这样的行为。所以《孟子》这段书中引用一双鞋子的事来作说明。

还有更深的意义，推开这一段中的故事不谈，我们讨论“往者不追，来者不拒。苟以是心至，斯受之而已矣”这几句话，大有佛说《金刚经》的味道。不要忘记，这一篇的篇名是《尽心》。《金刚经》上说：“过去心不可得，未来心不可得，现在心不可得”，而《孟子》这里“往者不追”，过去的已经过去了；“来者不拒”，未来的还没有来；现在的心呢？“斯受之而已矣”，当下即是这个心。这和鞋子丢了没有什么关系。这说明孟子的教育，是在教我们了解人的心，纵然学生们个个都是好人，也许其中有一人，当下一念守不住，习性的污染未除，“随手牵羊”不是有心故意偷盗，容或有之。所以人当下一念的心，很难把持，这也就是“小有才，未闻君子之大道”。君子之大道，就是随时注意自己当下这一念，非常重要。

再往下看，就顺理成章，看到文章的连贯性了。

穿窬之心　偷巧偷心

孟子曰：“人皆有所不忍，达之于其所忍，仁也；人皆有所不为，达之于其所为，义也。人能充无欲害人之心，而仁不可胜用也。人能充无穿窬之心，而义不可胜用也。人能充无受尔汝之实，无所往而不为义也。士未可以言而言，是以言餂之也；可以言而不言，是以不言餂之也；是皆穿窬之类也。”

孟子接着上面，再讲心理作用，他说“人皆有所不忍”，每个人都有不忍心的地方。例如在家里吃到好东西，如果父母家人不在，总不忍心完全吃掉，这就是不忍之心。可是吃到最后，父母家人还没有回来，东西又实在好吃，于是会改变主意，吃完了再说吧。假使能够扩大这种不忍之心，“达之于其所忍”，下狠心要随时把不忍心扩大变成爱一切人，变成了真仁慈，那么就叫做“仁”。

其次“义”。孟子以“仁义”两个字作为他教育的中心思想。他说：“人皆有所不为”，每个人心理，有他自己的标准，某事该做，某事不该做。例如：看见面前放有一堆无主的钱，心里会想到，这不是我的，不能随便拿。基本上，人性都有这一善良的心理，但是“看得破，忍不过；想得到，做不来”。有这种善良的心理，到某一时候，由于环境上“依他起”，依外物外境的影响、引诱，守不住而自撤防线。人要有为有守，将这种有所不为的心理，能扩而充之，“达之于其所为”，变成不该做的绝对不做，该做的就做，至死不变。下面孟子又申述了理由。

他说：每个人的基本心理，开始都不想害别人，为什么又会想害人？因为利害关系，因为情感上的原因，这样一个一个的原因加上去，最后蒙蔽了自己原先那一点不想害人的善良之心，反过来却去做害人的事。“人能充无欲害人之心”，如果保持天理良心的一点良知，扩充自己不想害人的心，去掉那些妨害别人、怨恨别人、讨厌别人的许多差别变化出来的心态，“而仁不可胜用也”，那就是回归到仁心的本位了。所以检查自己，平常没有事的时候，都很平静，害人、怨恨、讨厌等瞋恨的心念都没有；一旦有事的时候，受外境影响，这些负面心理的作用就起来了，于是由讨厌扩充为仇恨，再扩充可能起杀人之念。所以人要认清楚自己最初的清净面、善良面，并且扩而充之，自然就是仁慈心。

一个人要扩充没有“穿窬之心”，所谓“穿窬”就是形容挖洞、钻孔，“穿窬之心”也就是偷巧之心。有人学道修心的心理，也是如此，因为心中有一点点好奇，想得到神通。如果自我反省一下，动这些念头的原因，各种怪花样就多了。这种“穿窬之心”，大家都有的，例如有两人在前面谈话，我们本来走过去就算了，可是有时候会想走到他们身边，把脚步放慢一点，偷听他们在说些什么，这也是“穿窬之心”。甚至到别人桌子上，开抽屉，看文件，翻书本，这些都是“穿窬之心”所使然的“恶作剧”坏行为。所以说，能够保持先天灵性的良知这一面，扩充为“无穿窬之心”，把偷巧之心泯灭了，“而义不可胜用也”，自然心中的道德，外表的行为都合于大义了。

第三点，“人能充无受尔汝之实，无所往而不为义也。”这一句照字面解释，“受”就是接受，“尔”是你，“汝”也是你，释成白话是“人能够扩充不受你你的事实”。什么是你你？很难解释，讲白了就是不受你啊、他啊，别人的影响和左右，就是不分人我之心，如《金刚经》讲的“无我相，无人相”。人与人相处，没有人我的观念，还是消极的；更积极的是你就是我，“同体之慈，无缘之悲”。人能扩充到没有你我之分，当下爱人如己，做到这样，就是大仁大义，无往而不利了。

心理行为的扩充，到达了仁义，就是佛家所说的无人我相。再进一步，爱人如己，爱天下人如己，就无众生相了。但小有才的人，就不知道这个“君子之大道”了。

前面说了“穿窬之心”，是偷巧的心理，就是偷心，在这里孟子又说：“士未可以言而言，是以言餂之也。”例如有一个求学的人，根器不够，不应该教他，但是为了炫耀自己有道德，有学问，非教他不可。尤其宗教方面，一定要别人皈依自己，传一个法门给人，这也是“穿窬之心”。自己的心理不是为名，就是为利，再不然就是弄权，好高，喜欢别人崇拜自己，用话去引诱别人。相反的，对于有程度，有足够道德的人，或对于该接受这种教育的人，也应该教给他们。可是因为悭吝，吝法，却不教人，以表示自己更高，这也是“穿窬之心”。

这里看到，儒家的道德和佛道两家一样，即使心理上犯了一点点错误，像是引诱别人似的，就变成我慢了，这是不可以的。

> 孟子曰：“言近而指远者，善言也；守约而施博者，善道也。君子之言也，不下带而道存焉；君子之守，修其身而天下平。人病舍其田而芸人之田；所求于人者重，而所以自任者轻。”

孟子说的“君子之大道”来了，非常重要，我们千万不要玩“小有才”，不要玩小聪明，那是不对的。

孟子说“言近而指远者”，话说得非常粗浅，初听之下，平平淡淡一句话，好像没有什么内涵；而仔细再想想，其中包含了太多的意思，也是很深奥的道理，这就是“善言”。一般人说出来的话，如果别人听不懂就算是自己高明的话，那不如去念咒语好了，口里叽里咕噜，谁也听不懂。所以一个真正的学问家，讲话要深入浅出，将高深的学问用简单明了的语言说出来，让没有读过书的人也都听得懂，不要玩弄自己的学问。使人懂是他的责任，并不是要使学生认为自己崇高，而故意讲得让人不懂。

“守约而施博者，善道也”，“约”就是俭省，收敛；守约施博就是告诉人一个原则，守住这一个原则，而用出来，布施出来，影响非常广大。中国人讲“天理良心”这四个字，很简单，也就是“约”，我们要守住这个原则，不能违背。我们为人处事，随时随地都要讲究“天理良心”，这就是“施博”。后来佛教进入中国，也有四个字“阿弥陀佛”，看见一件好事，念一声“阿弥陀佛”，见一件坏事，也说“阿弥陀佛”，有时候骂人也只念一声“阿弥陀佛”。所谓“阿弥陀佛”就是无量寿，无量光，这一句“阿弥陀佛”，真是妙用无边。

孟子说“君子之言也，不下带而道存焉”，君子所讲的话，“不下带”就有道理在那里了。这个“带”字有没有错不知道，要考据家去考据，但古人的解释，是说当时的人，腰上都系一根腰带，“不下带”就是讲话很平实。但这样理解还是含糊不清。依我的意见，很明白地说，“下带”的意思就是，君子说话，要说得使人清楚，不可以拖泥带水。简单的一句话，道的精神就都表达出来了。

孟子又说：“君子之守，修其身而天下平。”一个君子，本身的人格操守——在儒家讲操守，在佛家叫做戒律——真正有道德的话，无需言教，只要本人修养行为好，自然可为人榜样。“人病舍其田而芸人之田”，这句话等于讲，自己的心田不去种，拼命去耕耘他人的心田。也就是说，自己没有好好修身养性，偏偏喜欢开口教训别人，而且对别人要求得很严格，对于自己的修为，却马马虎虎。世界上这类人很多，这就是“小有才，未闻君子之大道也”的人。

君子行法以俟命

孟子曰：“尧、舜，性者也；汤、武，反之也。动容周旋中礼者，盛德之至也。哭死而哀，非为生者也。经德不回，非以干禄也。言语必信，非以正行也。君子行法以俟命而已矣。”

这里文字的解释，又是一个重要的问题，孟子提出另外一个观念。“尧、舜，性者也；汤、武，反之也”，这是什么意思啊？程颢、朱熹这些宋儒，为了这些文字，把圣人的话，设法塑造得非常之“神”，因此在批注时，下笔很痛苦。这两句话，依照文字解释，“尧、舜，性者也”，尧舜的仁慈、仁义，是生来善良天性自然流露出来的。下面是相反的话：“汤、武，反之也”，所谓“反之也”，应该是说，汤武是把人性坏的一面反转来，使人们恢复善良的本性。去恶存善，改过迁善，都是“反”的意思，而宋儒批注的文字，就如说梦话一样，朦朦胧胧、含含糊糊的，以为汤武与尧舜是相反的，其实并非如此。

我们现在可以怀疑、批评、指出这些批注的不当。如果是时光倒流回到一百多年前，这样批评的话，不但拿不到功名，还可能招致杀身之祸。尤其是宋明以后，考试都是以朱熹的批注为标准，如果批评了他，非但进不了孔庙，还会被排斥于读书人之外。

实际上宋儒这些批注，都是白费工夫，别人读了，如闻呓语，不知道说些什么。这本来是很简单的两句话，概括原意就是：尧舜当然道德好，但在他们的时代，物质文明尚未发达，社会还是保守的，人类的天性是自然善良的成份居多；那就是老子庄子所谓道法自然的表现，人们自然还保持了善良的天性，这就是“性者也”。

后来到了商汤与周武王的时代，由于物质文明进步，受声色物质的诱惑很大，慢慢影响了人的精神思想，人性就变了。这时再实施纯道德的政治制度，已不可能使社会安定，于是建立了法制，用法律来管理众人之事，希望人性回到原来善良的一面。

这也说明了一个现象，就是人类社会物质文明越进步，道德就越衰退，只好用政治的方法来管理，用法律来规范，希望回到纯朴善良的本性上去。这是很简单的道理，所以“反之也”，不必解释成汤武与尧舜相反。当然，看起来汤武是造过反，他们两个人都是起来革命，推翻前朝桀与纣两个暴君，也就是“你不行，下去！由我来”的作为。尧舜则是“我不行，请你来”。这两种情形完全不同，但这只是政权传承的形态不同罢了。

孟子继续申述：在尧舜时代的上古社会，人性被染污得少，自然人人都具有道德，不只是领导人如此，即使社会上的一般人，也是“动容周旋中礼”的。

“动容”就是态度。假使有人做错了一点事，旁边的人脸色稍微难看一些，或者把头偏过去，不屑看他，这个人已经很难过了。可是越到后来的人，如果被人轻视，他不但不难过，甚至会反过来想："你看不起我！谁要你看得起！你又算老几?"甚至你"动容"，多看他一眼，他就动刀了。社会上常有因多看一眼，就发生动刀杀人的事。

"周旋"就是应酬、交际，在社会上的待人接物，人与人之间的相处。"动容周旋中礼者"就是一个人的态度、言辞、动作、行为都处处合理，恰到好处，这就是德。说到道德二字，道是道，德是德。道是指明心见性之体，德是指明心见性以后的入世起用，也就是"盛德之至"。在佛家而言，就是功德圆满，学道有成就智慧圆满。

"哭死而哀，非为生者也"，有朋友死了，因而哭得很伤心，这哭并不是哭给活人看的。不久前一个青年写文章说，他父亲死了，父辈们去吊丧，有的哭得很厉害。他说这些人不是哭他父亲，是哭自己，因为这些人见他父亲死了，想到自己也快死了而哭。这篇文章，曾经引起一些非议，当然这又是前所未有的观点，说的是"哭死"的另一面，这说法也很新奇。

孟子说：哭死去的亲友，是真正的悲哀，并不是哭给别人看的，好朋友死了，是真的伤心；有时伤心到极点，则哭不出来，一滴眼泪也没有，人是木然的。遇到这种情形，要特别注意，要上前去推他一下，帮助他的气脉运行，否则的话，会发生危险，要等他哭了出来，危险才算过去。

"经德不回，非以干禄也"，"经"就是直道，有些人以直而坚强的直道，守住他的道德标准，毫不转弯。但并不是为了名利，目的也不是为好人好事大会上的表扬，而是为了自己经常遵守的直道。

“言语必信，非以正行也”，说话言出必行，不只是借了钱一定要还，开出去的支票一定要兑现，这只是小信；大信是自己做得到的才说，做不到的不说，不讲空话。例如有人问你吃荤或吃素，假如心里还有一点点想吃荤，就不可说吃素，否则就是言行不相符了。因为口里虽说吃素，心里还在想吃荤。简单地说，就是说出的话，要和自己心里的思想，完全合一，这才是真正的大信。也就是心口如一的道德，不是口是心非，更不是随便说话，再勉强自己的行为去和话符合，使别人以为自己有信用。

“哭死而哀”，“经德不回”，“言语必信”这三句话，每句都有两重意义。以“盛德”来说，尧舜以上的古人，自然人人有道德，不必另外标榜一个道德的口号。老子和庄子，曾经提到过这个道理。后来因为物质文明进步，人类的道德开始堕落，于是产生“仁义”的名词，要人类有仁义。再后来，人们的仁义也丧失了，于是又产生了“守法”的名词，要大家做到守法律的规范。现在人类的行为，法律差不多也无可奈何了，那就没有办法，只好用刑法。

所以每句话，都有两重意义，说明至情、道德、言语的真义。这都是说明用自己内在的天性，自然的向外流露，不是为了适应外在的人、物、事。所谓“君子行法”，就是效法这个道理“以俟命”，这就是修命。

由此可知，儒家所说的“命”，就是人在活着时候的生命价值；“俟命”就是人活着，应该如上面所说的三句话那样，也就是正命，那是生命的意义与价值。

孟子和孔子一样，他一生的言语行为，本身就是典范，也就是教育的标准。下面的话，是说孟子自己，也同样是对学生的教育。

说大人则藐之

> 孟子曰："说大人，则藐之，勿视其巍巍然。堂高数仞，榱题数尺，我得志弗为也；食前方丈，侍妾数百人，我得志弗为也；般乐饮酒，驱骋田猎，后车千乘，我得志弗为也。在彼者，皆我所不为也；在我者，皆古之制也；吾何畏彼哉！"
>
> 孟子曰："养心莫善于寡欲。其为人也寡欲，虽有不存焉者，寡矣；其为人也多欲，虽有存焉者，寡矣。"

孟子经常与"大人"会面，这里所谓的"大人"，指地位高，年龄高，有权、有势的人。像二十世纪中，香港的老百姓，对警察也叫大人，因为英国人虽统治香港九十九年，但其所用的法律，多半是沿用清朝的"大清律例"。在清朝官场上，对官吏惯称大人，所以香港人旧习惯对官吏仍称大人。又如香港有一座公园，以英国一个统帅的名字命名，而香港的老百姓则叫这座公园为"兵头公园"。所谓"兵头"，在我国宋朝时，是以"兵头"来称元帅的。

孟子所见到的齐宣王、梁惠王这些诸侯，他们生下来就是当王的，这种人从小接受当诸侯王的教育，在言谈举止之间，仪态就与别人不同。曾经见到清廷宗室贵族，以及大臣的遗老们，虽然帝制业已推翻，而他们的家里，还有许多男女佣人，仍会摆出那种颐指气使的威风。官太太小姐们，放在面前的东西，自己不伸手去取，叫丫鬟从老远跑来，再双手拿来交给她，那种味道，现代的青年是看不到了。当时有新思想的青年，看到这些情形，非常反感，觉得太腐败，非革命不可。可是不待革命，由于日本对我国的侵略，战争苦难把他们都淘汰了。因为这些人离家逃难，出了大门，连米长在哪一棵“树”上都不知道，在逃难的路上，不待敌人打来，三五日的风霜，就倒路不起了。这一类也是所谓的“大人”。

孟子吩咐学生们说：你们见了“大人”，“则藐之，勿视其巍巍然”，不要被他言谈举止的态势吓住了。现在民主时代，已经看不见大人们的那种威风了。在帝制专政时代，只要看到地位稍稍高一点的人，乃至于只是一个县长，老百姓连头也不敢抬起来。

孟子说要“藐之”，“藐”不一定是小的意思，现在“藐视”一词，是从《孟子》这里来的，就是看得平凡一点，不是完全轻视。不要怕他“巍巍然”，高高在上的样子，因为在古代，地位越高，座位也越高。以前皇帝上朝的时候，满朝文武百官跪了一大堆，但是皇帝长什么样子都看不清楚，能够靠近一点的，最多见到一个模糊的影像而已。

老实说，这种“巍巍然”的样子，也未必是故意装出来的。在古代那种制度下，人在高位上坐久了，自然会有那种样子，所谓习惯成自然。像当老师教书久了的人，对人说起话来，一开口就是“懂不懂”或“你懂吗”这种话，在别人听来，多难接受！又如带过兵，习惯指挥别人的人，连对自己的太太，也像是带兵那样指挥。尤其那些部队阅兵惯了的人，一走下车来，就是沉步、抬头、收下颚、挺胸，头部移动；从左到右横扫一眼，又从右到左回扫一眼，就是那种意气飞扬的样子。有一个生意人，受了军阀中一个排长的欺负，一怒之下，不做生意，募来一些子弟兵，当了连长。有一次一个排长不听话，他要撤这个排长的职，把特务长（民国时代管军饷财务的职位名称）叫来，下命令说："马上结清排长的账。"这都是习惯成自然，要改变过来，很不容易。所以孟子前面说的"动容周旋中礼"非常难。处于什么位置，就应该表现什么态度，说什么话。作客的时候就是客，当主人的时候就是主人，假使请一位长官到家里来吃饭，和请一般朋友又不同，所以事情要从两面来看。

所以见到"大人"，不要被他那"巍巍然"唬住了，连话也说不出来，心理上就已经不平衡了。孟子教学生，不要把大人看得那么高，他也是人，自己也是人，在精神上、人格上、心理上，都是处于平等地位的。

然后，他教学生一段话，说得慷慨激昂：

"堂高数仞，榱题数尺，我得志弗为也。"在农业社会里，古代有的房屋，高到十丈，梁柱都有几尺宽。像这样规模宏大的房屋，孟子说，就算自己得志，也绝对不住。住一个平常的茅屋就可以了，有了地位有了钱，不要先从居住上去贪享受。

"食前方丈，侍妾数百人，我得志弗为也。"例如清朝的大八仙桌，坐八个人的方桌，差不多就有一丈方圆，而每餐的菜肴，多达数十样，侍候在旁边的有好几十人，乃至上百人不等，添酒的添酒，端菜的端菜，盛饭的盛饭，各有不同的专职。这种奢侈的做法，孟子也不主张，得了志，绝对不摆这样的排场。

“般乐饮酒，驱骋田猎，后车千乘，我得志弗为也。”“般乐饮酒”就是吃喝玩乐。“驱骋田猎”，在现代来说，我国已经禁猎了，相当于去郊外打高尔夫球，后面还跟了一大批随从人员。这样的排场，孟子也不主张。

这些都反映了战国时代，那些在高位的所谓大人的奢侈。可是没有饭吃的穷人，还多的是。

孟子告诉学生们：“在彼者，皆我所不为也。”不要看到这些大人们，住高大的房子，排场大，吃得好，穿得好，玩乐得好，自己就动心了，老实说，这种自欺欺人的虚荣作风并不值一顾。“在我者，皆古之制也”，在我们，每一个人都应该有自己平凡庄重的生活习惯，上通天文，下通地理，中间的人事，都懂了；我们有自己的人格，诠古传今，有自己的精神文明。“我何畏彼哉”，我们没什么自卑或畏惧的。人们往往喜欢将物质、财富以及地位、声望等等拿来炫耀于人，这其实是低俗的心理。

孟子讲这一段话，很有豪气，孔子就不会这样讲。所谓炉火，孟子烧得满大，而孔子则已经纯青了。孟子这种话，有点像子路的口吻，所以还要进一步修养。看到富贵的人，心中根本就没有富贵的观念，看成和自己一样，人我的心，不要分别，能达到这样的修养，就更美了。当然，后来孟子还会“充实之谓美”的。

下面孟子为这一段作结论，提到了修养的工夫。对于孟子谈到的修养工夫，大家要特别注意，因为他讲得非常实际，而孔子所讲的，属于形而上学，更高却更平淡。

孟子说："养心"就是修行，先要做到"寡欲"。"寡"就是少，一切的欲望要少，少到极限。儒家和道家的修养，只讲到"寡欲"，只有佛家做得到完全断欲。不过要注意的是，佛家的小乘才做绝欲的工夫；大乘不是绝欲，是化欲，到了化境，无所谓寡与不寡，绝与不绝。所以儒家与道家，在几千年来的争论中，都是争论这些话题。

佛家一开始，就是无妄想、除妄念，绝对无欲。儒家认为这是不可能的，所以摒弃了这个工夫。本来也是如此，一般学佛的，照这个话是做不到的。儒家、道家比较高明，先从"寡欲"做起，慢慢减少欲望。实际上佛家也有这个法门。一切的习气，先到"薄地"，妄念、欲望的力量，本来很强，慢慢使它薄弱，由"薄地"再转入"软地"，变成柔软，没有力量。例如修道的人，要除瞋念，自己想克制不发脾气，可是做不到，必须要化欲才慢慢减少，变得薄了，再逐渐变得柔软，就可以克制了。到这个阶段，才是"寡欲"，所以养心之道"莫善于寡欲"。绝对无欲的理论那么高，做不到的，反而变成罪过，变成口过，吹牛大王，犯了妄语戒，修行人是不能打妄语的。

孟子说，能够妄念减少，慢慢少想一点空事，把空想、幻想的范围缩小，只想几点切实要紧的事。照这样训练自己，修养自己，幻想妄念，自然越来越薄弱了，就会达到禅宗祖师所说"不是息心除妄想，只缘无事可思量"的境界。这不是说要故意把念头压下去，是自然没有事情可想了。人家说肉好吃，自己根本不想吃了；人家想穿好的，自己不想了，只要不受冻，能蔽体就行了。这是真的空，看开了，所谓“看破红尘”就是这个样子，真到了心平如水，则妙不可言。

相反的是，有人欲望多，学佛一开始心里就想：“自己要赶快修行，修成了佛，好去度众生。”这种欲望就太大太大了，说得好听，叫做愿力，那是对修成功的人而言，对于没有修成功的人而言，这种想法就是欲望。正像同样是人，岁数小的叫小孩，壮年叫大人，老了叫老头一样。

我们再看秦始皇、汉武帝这两个人，当皇帝的那种声威之显赫，所谓“大汉之声威”，站在国家民族的立场看来，的确是不错；可是当他们年纪大了，快死之前，都想求长生不老，希望永远活下去，要想做神仙，这个欲望多么大啊。

只有汉武帝的一个大臣汲黯，这个活宝，憨头憨脑地对汉武帝说：“陛下内多欲而外示仁义，神仙其可得乎？”汉武帝听了对他也没有办法。不但汉武帝有这个错误，老实说许多学道的人，都有这个情形，这样是修不好的，所以要先“寡欲”。

这个结论，同时也是“尧舜性者也”的诠释，因为上古的人，天性寡欲，对于外物的追求很少，自然是天生的圣人之道。

曾皙嗜羊枣，而曾子不忍食羊枣。

公孙丑问曰：“脍炙与羊枣孰美？”

孟子曰：“脍炙哉！”

公孙丑曰：“然则曾子何为食脍炙而不食羊枣？”

曰："脍炙，所同也；羊枣，所独也。讳名不讳姓，姓所同也，名所独也。"

"羊枣"这个名词，最早见于《尔雅·释木》篇中。后人的注释，有的说它实小而圆，紫黑色，俗名羊矢枣；又有人说紫黑色的羊矢枣，本来是柿类，冒用了枣的名称，但也说，"羊枣"实小而圆。另外更有人说，"羊枣"并不是植物，只是羊的一种内脏，因为从《孟子》本文上看，并不是果物，而是菜肴。所以古人的批注，仍成问题。"羊枣"究竟是一个什么东西，有待考据，但对这里的文义，不会有多大的影响。

曾皙是曾子的父亲，平日喜欢吃"羊枣"，曾子在他父亲死后，不再吃"羊枣"这样东西。这是一个历史的故事。

有一次公孙丑问孟子："脍炙"——那些烤的、涮的嫩肉和"羊枣"比起来，哪一样好吃？孟子说：当然是烧烤嫩肉好吃呀！

公孙丑于是问：那曾子为什么专门吃那些好吃的菜，而不吃"羊枣"？公孙丑这样问，是话里带刺，意思是说，曾皙吃"羊枣"，不会不吃"脍炙"；大家说曾子不吃"羊枣"是因为孝道，可是为什么是不吃"羊枣"而不是不吃"脍炙"呢？大家这种说法，也许有问题吧？但公孙丑到底是圣人的学生，受了道德的熏陶，这种话没有说出口来，只问孟子，曾子为何吃"脍炙"而不吃"羊枣"，只这么轻轻点一下而已。

孟子就告诉公孙丑，因为"羊枣"是很难做的，只有曾暂欢喜吃，别的人未必喜欢吃，所以曾子看见“羊枣”，就想起自己的父亲，当然也不吃。至于烧烤这些菜，因为好吃，很平常，大家都吃，并没有什么稀奇，不能代表他父亲独有的嗜好。所以孟子才引申出来，说明古代“讳”这一礼制的道理。这个制度，《礼记》中的《曲礼》上篇有详细的说明，这里不引叙，孟子这里是讲的一个原则。

唐代的韩愈，曾经为这个礼制，专门写过一篇文章，题目是《讳辩》。因为李贺听韩愈的劝告，去参加考试中了进士，很有名望。有一个和李贺争名的人，就指摘李贺，认为李贺的父亲名为晋肃，晋、进二字是同音同义，所以李贺当进士是犯讳，不应该的；而且韩愈也不应该劝李贺去参加进士的考试。于是韩愈说，假如一个人的父亲名字叫“仁”，那他的儿子就不要做人了吗？他还举了许多事例和理由，来为“讳”的正当道理作辩解。

“讳”就是忌讳、避讳，在古代看得很严重。例如唐明皇的谥号为玄宗，为了避讳，凡是写到或说到“玄”字的时候，就改用“元”。在唐明皇以后的书上，许多地方的“元”字就是“玄”字，这是避皇帝之讳。在家庭中，子避父讳，例如父亲的名字有一个“怀”字，他的孩子就绝不说“怀”字，只好说想念、惦念、挂念了。这种礼制流传到民国初年，还有人遵守，现在已经没有了。像现代的“中山路”、“中正路”这类路名，在古代是绝对不可以的，一定要避讳，因为犯了孙中山和蒋中正的名讳。

孟子这里说明古代的一个原则，避名不避姓。例如姓张的，开一个店，不禁用“开张”两字，因为“姓”是大家共同有的，不必避讳；“名”是某一人单独所有的，所以要避讳。

古代避讳的意义，对国君是表示忠，对父母是表示孝，是一种恭敬之心的表示。所以曾子对于父亲所喜欢吃的菜，不想吃，因为他是大孝子，有深感情、大孝敬心，这是人性的真情。

狂猥的表现

万章问曰：“孔子在陈曰：‘盍归乎来！吾党之士狂简，进取不忘其初。’孔子在陈，何思鲁之狂士？”

孟子曰：“孔子不得中道而与之，必也狂猥乎！狂者进取，猥者有所不为也。孔子岂不欲中道哉？不可必得，故思其次也。”

“敢问何如斯可谓狂矣？”

曰：“如琴张、曾皙、牧皮者，孔子之所谓狂矣。”

“何以谓之狂也？”

曰：“其志嘐嘐然，曰：‘古之人！古之人！’夷考其行，而不掩焉者也。狂者又不可得；欲得不屑不洁之士而与之，是猥也，是又其次也。

孟子周游列国，也快回家了。这段书编排在这里，是有其意义的。在孟子表示要回去以后，他的学生万章，提出了问题。

孔子的这一段故事，在《论语·公冶长》中曾有记载，这里万章提出来问孟子说，孔子当年周游列国时，感觉其道推行不了，准备回鲁国去讲学了。当时曾经说："归与！归与！吾党之小子狂简，斐然成章，不知所以裁之。"孔子挂念那些学生，说学生之中有两种态度：一种是"狂"，大概就是现在流行的青少年问题，青少年大半都有傲气，狂气，自己都要创新。第二是"简"，对天下事看得很容易，认为只要自己来干，就有办法。年轻人的心理多半是这样，非"狂"即"简"。孔子接着说"斐然成章"，就是指这班学生，虽然如此，但是都有一些成就，每人都各成一种典型。如子贡、子路、颜回等等。因此孔子回去了，然后删《诗》《书》，定《礼》《乐》，著《春秋》，赞《十翼》，整理中国文化，留给我们现在"五经"的著作。实际上孔子整理中国文化的大典，主要在一部《礼记》，要了解中国文化，首先要了解《礼记》。

《礼记》并不是只教人行礼。《周礼》、《仪礼》、《礼记》，并称"三礼"。《周礼》是讲中国政治制度与政治哲学的原始资料；《仪礼》是讲人生的仪节、礼貌、生活的规范；《礼记》则包涵得更多，哲学、政治、军事、教育、社会、经济、艺术、文学、天文、地理，无所不包，可以说是中国文化渊源的宝典，也就是中国几千年来，形而上的宪章。所以真正要了解中国文化，首先要了解《礼记》。

《春秋》这部史书，孔子写来非常得意，也非常痛苦、悲切。他写完了这部书，最后说：知我者《春秋》，罪我者《春秋》。学好历史哲学的人，深通做人做事的道理，可以避免生活中对国家民族可能产生的罪过，而走上一条正路。一个人如果学历史哲学学得不好，只把人性和历史背后的黑暗面了解清楚，那就很容易学到坏的一面。人学坏以后，就会像晋朝桓温所说——“纵不留芳千古，也要遗臭万年”，不管香或臭，只管事功、名位。其实，千古至今比桓温有过之而无不及的人还有啊！也都是众所周知的。这是了解历史的反面以后，修养有偏差，就会出现这种情况，因此孔子说“知我者《春秋》，罪我者《春秋》”。意思是说如果在千秋万代以后，有人读历史，不懂《春秋》的含义，专门学坏的一面，那我（孔子）就罪过无边了。

此外，在学术方面，孔子研究了《易经》。他在形而上的哲学思想方面，《论语》中不大看得出来，要深刻了解他著的《周易》中的《系传》、《文言》等《十翼》，才会知道。

孔子删《诗》《书》，在保持文化的感情方面，集中在《诗经》三百篇。当时，因为各地言语没有统一，各诸侯国的民风情绪不同，习俗不同，他把各地的民歌、情歌，都搜集起来，删除不好的，编辑成这部《诗经》。当然，与现代的诗歌比较，两者相差很远。《诗经》中的诗篇，每首每字，都代表了许多观念与意义，如果读懂了《诗经》，就能了解古人的思想、情感，与现代人并没有不同。

另外一部为《乐经》，内容包括了音乐的法典和国民的康乐生活，后来这部经失传了。秦始皇烧书只烧了一点点，罪过更大的是项羽，咸阳三月一把火，几乎烧掉了中国所有的古代典籍；后人却把罪过统统归到秦始皇的身上，让他替人背了黑锅。其实秦始皇只是把中国文化的典籍，全部集中到咸阳宫，而项羽这个二十几岁骄狂的年轻人，进到咸阳，一发脾气，火焚咸阳宫，连烧三个月，天下丰富的文化财产，就这样被毁了。所以民国以来，有名的才子易实甫，写诗说项羽：

二十有才能逐鹿　八千无命欲从龙
咸阳宫阙须臾火　天下侯王一手封

孔子的《乐经》丧失后，有人怀疑《礼记》中的《乐记》就是《乐经》，但那只是一小部分，《乐经》不至于那么简单。也有人说，后来道家修道的方法，都在孔子的《乐经》中，可惜失传了。

总之，孔子删《诗》《书》，定《礼》《乐》，著《春秋》，赞《十翼》，为我们后世，留下来这些文化的财产。

孔子写《春秋》，写到"获麟"时，就是孔子生命的最后一年，他梦中见到圣庙中在祭祀，而自己也在神座上受别人的祭拜。梦醒以后，他告诉他的学生说，他将要离开人世了；等于释迦牟尼佛快要涅槃的时候，在定中见一面金鼓，被敲得分裂成五块。出定以后告诉弟子们，自己将涅槃了，并说将来的佛法，会四分五裂，产生许多派系。孔子与释迦佛的情形相似，就在这一年，鲁国出现了麒麟。古人的观念，麒麟、凤凰为稀有的祥瑞灵物，要在天下大治的太平时代才出来。孔子认定出现的是麒麟以后，非常感叹地说：在这个乱世，你来干什么？这等于说，你在不该出现的时候出现了，那我也该走了，真是生不逢时。孔子已经深切地感到，无法挽回这个乱世了。

我们了解了孔子晚年的事迹，再读这一段书，就知道孟子说这个话的时候，也是在周游列国之后，看到时代无可挽救，准备卷铺盖，要回家乡去了。更妙的是，这里没有明说，是由万章发问而提出来的。

万章说：当孔子在陈国的时候，曾经说："盍归乎来。"这个"盍"字，是一个虚字，是说话前的一个语助词，所以叫做发语词，像是一声叹息。等于现代说话时，首先说的"那么"、"这个"、"唉"、"嗯"等等声音，有若干踌躇的态度。此字也可解释为"何不"的意思。我们看了这几个字，可以知道，古人的文章也是抄来抄去的，后世晋朝陶渊明写的"归去来兮"，就是从这里抄来的。

孔子的意思是说：唉！我们回去吧！或说：我们何不回去呢！

想到回家乡去，也就想到他的那些学生，前面已经略作解释，但是有一句话，在《论语》中没有记载，只是在这里由万章说了出来，就是孔子说"进取不忘其初"。一个人读书到大学毕业，乃至继续深造到博士学位，踏进社会的第一步，准备做什么？这是"进"；而"取"，是准备在这人生中走哪一条路，做一番怎样的事业，合起来是"进取"。一个知识分子，应该"进取不忘其初"，当一动念开始考虑的时候，不要丧失自己孩童时的那份纯洁，不要忘了原来的最初的本心。

我们都知道，年轻人的抱负很大，看天下国家大事也很简单，这就是"狂简"。当然，"狂简"并没有错，因为"狂简"的心理比较纯洁；后来久了，染污比较多，染污多了，原来的初心就被蒙蔽了，变样了。所以学问并不是知识，知识反而是最厉害的染污，知识越多，心中的染污越大。学问是自己做人做事时的心，那是个天然纯洁的童心，是小孩子坦然、纯洁可爱的童心，那就是初心。

孔子说他的学生们“进取不忘其初”，这是一般人最难达到的修养工夫。一个人在人生的路途上，不管自己的功业成就多大，能够“进取不忘其初”，是很难很难做到的。例如明朝开国的帝王朱元璋，由一名小和尚而达到皇帝之位；宋朝的开国皇帝赵匡胤，也是由小军官做起，最后当了皇帝。清朝的顺治皇帝曾经说过，“勿忘初心”，意思是：皇帝也是人，没有什么不同，不必把皇帝抬得太崇高了。这也正因为他们当了皇帝，气度到底与一般人不同，但是在他们的心理上“不忘其初”，就是要平凡、平淡，不要被染污了。

所以中国古代做官的人，退休后所作的诗文，往往有“依然还吾是初心”这一类的句子与思想，做了几十年官，做了几十年的事业，现在回到乡下去，种种花，锄锄草，养养老，此心还是和童年时候出来读书时一样。还有一句话是“还我初服”，意思是：本来是一个乡下的小孩，当年出来，穿了一件破破烂烂的学生装，几十年来曾任各级的官吏，乃至地位到了一人之下，万人之上，穿过了紫袍、红袍、蓝袍、绿袍，各级的官服，现在年纪大了，辞官回家，脱下了那些锦袍玉带，回到故乡。还乡后穿回以前的布衣裳，没有架子，像是没有做过大官，没有建立过大功业的样子，清闲自在，和儿时的同伴往来，坦率诚恳，无有挂碍，其乐融融。

所以在这里，特别将这句话提出来，希望今日的青年，能够懂得这个道理，当完成学业，踏入社会的时候，能够“进取不忘其初”。

万章现在对孟子提起孔子的这几句话，也是因为对当时所处时代的感慨，所以故意提出来问孟子。他言外之意，等于说：老师，我们还是回去种田吧！这个时代，已经没有办法挽救了。不过万章问孟子一个问题：孔子当年在陈国的时候，为什么会想到自己鲁国的那一班学生呢？

孟子说：“孔子不得中道而与之。”孔子当时认为那个时代，没有办法挽救了，因为人心没有办法挽救了。时代到了某一趋势，整个社会都是同一个思想，就算其中有一两个人高明，也抵不住时代思想那个潮流。说是用暮鼓晨钟，青磬木铎去敲醒，其实把磬打破，木鱼打扁了也没有用，敲不醒的。所以孔子感到“不得中道而与之”，不能够符合道德、道理而行，因此想起了自己的那一班学生。这一班三千弟子也满可爱，至少有两种典型：一种是“狂”，一种是“猥”。

在《论语》上，“狂”是和“狷”连在一起讲的。所谓狂狷，狷就是狷介，个性非常方正，内向而带一点孤僻，你的是你的，绝对不想占你丝毫便宜。有人恭维他非常好，他会答复说：“我有什么好？别乱讲。”“狂”的人就是子路这一型人，孔子问他的志愿，他说“愿车马，衣轻裘，与朋友共，敝之而无憾”。照现在的生活，是坐最豪华的汽车，穿最漂亮的贵重衣服，凡是我的朋友，也都有这种生活，由我负责，穿用坏了就算了，一点不在乎。这就是子路“狂”的味道，气魄非常大。所以最后，他可以为仁义，为忠贞，死就死，为卫国而战死。在临死之前，虽一身创伤，血渍满襟，他想起孔子的教训，还是坐得端端正正，戴好头盔，整理好战袍，庄严谨肃地死去。

孟子这里所提的“獧”，就是狷，狷介的人，那是绝对有超然独立品格的。但这个品格的标准是：我要自由，你也要自由；你的东西我不碰，你的范围我不侵入。

孟子说，孔子知道这个时代无法挽救，宁可回去，找这帮“狂獧”的学生。

“狂者进取”，狂者能够努力向前走，不管任何艰难困苦，非冲破不可！没有灰心。不会像现在的青年，规矩是很规矩，功课也很好，深度近视，在路上贴墙角走，畏畏缩缩的。“狂”的人自有他的气魄，不低头，不灰心，永远前进，永远努力。

“獧者有所不为”，狷介的人，是有所为，有所不为，他认为不该做的事，宁死也不做。像文天祥等等，不投降就是不投降，违背了人格的事，绝对不干；说不干要杀头，他说没关系，一个头不过六斤四两重，要拿便拿去。

孟子说：孔子当时，难道不希望青年得其“中道”吗？“不可必得”，他找了一辈子，也没有找到，因此想想，还是自己这帮学生，算是不错了，于是下决心回去，还是教育他们去吧！

万章于是又礼貌恭敬地问：“敢问何如斯可谓狂矣？”请原谅我的大胆，敢于打断您老人家的话，请问一下，什么是“狂”的标准？

孟子说：像孔子的学生琴张、曾皙以及牧皮这几个人，他们的态度，可以说就是“狂”了。

琴张最好的朋友子桑户死了，大家去吊丧，都很忧伤，有的流泪哭了。琴张也去吊丧，他却说：你走了，好吧！我唱一支歌送你。他靠在门上就唱起歌来，唱完歌就走了。

曾皙也是这样，季武子死了，他也是去唱歌。因为他们已经“了生死”，看透了生死，生死只是一种形态，他们知道这个朋友的道德、学问、修养，仍旧存在，所谓“灵魂不灭”，精神没有死。所以曾皙不像一般人那样，哭着送他走，而是唱歌送他走，气魄有如此之大。人生最痛苦，最难受的是生离死别，在这个时候，能处之泰然，不是一般人做得到的。

孔子、孟子，则说这是“狂”，而禅宗大师中，这些情形很多。例如南宋的大慧宗杲禅师要涅槃时，徒弟对他说：师父你还不能死。大慧宗杲说：为什么？徒弟说：自古以来的宗师，涅槃的时候，都留有偈子，你老人家还没有留偈子。他拈起笔来，大声呵斥道：没有留偈，就死不得啊？这就是“狂者”。

孟子告诉万章，像琴张、曾皙、牧皮等人，就是“狂者”，万章仍不懂，又问：那怎么叫做“狂”呢？

孟子说：所谓“狂”的人，胸襟宏大，同天地一样，意志“嘐嘐然”，其思想境界，扩大得像宇宙一样，包罗万象。

胸襟宏大是很难的，并不是肺活量大，也不是胸围宽，而是思想上器量大，对什么都不在乎。曾经有一个人，手掌都被机器压伤了，送到医院去，那是在几十年前，医疗技术、设备、药物都还落后。医师诊断后，告诉他要从上臂胳膊部位切除。他问如果不切有什么后果，医生说，不切可能有生命危险，他就吩咐医生替他切。小医院一时找不到麻醉药，他叫医生不必上麻醉，动手术硬切好了。他就自己坐着，伸手给医生做割切手术，痛得他全身直冒汗，可是一动也不动。后来只说了一句话："切快一点好吧。"这是他痛得太厉害时说的。事后有人问他，失去一条手臂伤心不？他说，这有什么好伤心的，反正伤心也得切，不伤心也得切，已经切得够痛的了，如果再加上伤心，就太不合算了。

这就是"嘐嘐然"。虽然这是一件小事，可也得靠宽大的胸襟和器度。有些小姐们，看见一只蟑螂，也尖声高叫连眼泪也掉下来，吓成那个样子，就和"狂"极端相反了。

万章一听就说：这只是古代的人啊。现在的人心量越来越狭窄了，一点点事情，心里都放不下去，被人多看了一眼，就会生气杀人，没有胸襟可谈了。

不过话说回来，几十年前，听老一辈的人说："人心不古，江河日下。"我们心里非常反感；但没过一二十年，现在我们这一辈也有许多人说："人心不古，江河日下。"其实也没有什么古与不古，行与不行，说这个时代不行的人与这个时代最不行的人，也都照样地活下去，太阳照样从东边出来，人类就是这么一回事。

孟子又对万章说，这种人的胸襟，是令人向往的，毫不藏私，他的情感、思想，和太阳一样光明，掩盖不住，这是"狂者"。

孔子的学生中，"狂"的没有几个。他最爱的学生，当然是颜回、子路、子贡、曾子等等少数的几个。子路虽"狂"，可是狂得并不算高明。第一个够得上"狂"的是子贡，有时候他对于孔子的话，并不完全言听计从。那个时候的观念是轻商的，但是子贡发展他的生产事业，一边走他的商道之路，一边做他的学问。孔子虽不完全赞成，但也不阻止。在《论语》中记载，孔子有一次说："赐不受命，而货殖焉，亿则屡中。"就是说子贡有时候不大听我的话，连我也把他没有办法，但是他去做生意，只要他估计认为对的，就一定是对的。所以孔子晚年的生活，我认为大部分都是子贡供养的。子贡有的是钱，什么官也不做，什么也不干，他玩他的财富。孔子死后，三千弟子服心丧三年，子贡则庐墓三年，守了三年墓（《史记》谓大年）。据堪舆家的传说，孔子在曲阜的墓茔，也是子贡勘的风水。最初有人选的是后世汉高祖所葬的陵寝，子贡去看了以后说，这个地方大不了葬一代帝王，不配葬我们老师，我们老师是万世之师，是精神王国中永远的王，于是选了曲阜这处地方。不过，子贡也说，曲阜的地，每逢某一个时代，会令孔门有女祸，需要小心，但决不会妨碍夫子的圣德。于是同学们才决定把孔子葬在曲阜。

孔子在世的时候，有一次齐国来打鲁国，孔子自己的国家受到侵害，只好准备亲自出马，要救自己的国家。子贡觉得老师年事已高，不宜亲自出面，因此说：老师，还是我去吧。孔子听了非常高兴，知道他出面一定可以为鲁国解围。于是子贡就出去办外交。子贡先后去了吴、越、晋等诸侯国，看清形势，先后挑起了齐、吴、越、晋的矛盾，反而解除了鲁国的危难。他自己若无其事地回到鲁国。他有的是本钱，第一国际之间友人多，第二在路上一面办外交，还可能一面做国际贸易，赚人家的钱。他的外交策略与手法，岂是后来的苏秦、张仪之流可以比拟！这是子贡的“狂”。相形之下，子路的“狂”，则是小的了。

第二个狂者是原宪，他曾经替孔子管过总务。孔子死后，他退居在草莽（平民社会）之间，还有一帮人跟着他，等于草莽英雄的头子。可是他自己穿得破破烂烂，并无任何物质享受。子贡也最喜欢这个同学，到处去找他，终于打听到他的住处，带了许多随从，到一处贫民窟里，挨户寻找，最后原宪从一个低矮的茅草棚里钻出来。子贡看见他面有菜色，穿的住的都这样破旧，就对他说：师兄，我看你很穷嘛！他说：我不穷，只是我有病。子贡问他生什么病？他说：时代病。于是大骂子贡一顿说：老师死了以后，世界乱成这个样子，我们对社会、国家、世界，毫无贡献，不能行老师的道，你还有心肠摆这副“后车千乘，食前方丈”的排场与我相见吗？你走吧！子贡原来想送点钱给他用的，不料挨他一顿训，这是子贡一辈子没有遇到过的，他被骂得满脸通红，但也很佩服原宪这种狂狷的气度。

孟子说：求“狂者”既不可得，就求那些“不屑不洁之士”，也就是“狷”者，所谓狷介之士——不干净的钱财他们是绝对不取，不干净的事绝对不屑去做的人。这些人好是好，他们抱“独善其身”的主张，把自己弄得干干净净，其他的一概不管，比“狂”的又差了一层。但这两种人，都是可爱的，或走这个“狂”的极端，或走那个“狷”的极端。其余的一般人，叫做“无所不为”，走什么路都可以，那就不必谈了。

乡原的表现

孔子曰：'过我门而不入我室，我不憾焉者，其惟乡原乎！乡原，德之贼也。'"

曰："何如斯可谓之乡原矣？"

曰："'何以是嘐嘐也？言不顾行，行不顾言，则曰："古之人！古之人！"行何为踽踽凉凉？生斯世也，为斯世也，善斯可矣。'阉然媚于世也者，是乡原也。"

万章曰："一乡皆称原人焉，无所往而不为原人；孔子以为德之贼，何哉？"

曰："非之无举也，刺之无刺也；同乎流俗，合乎污世；居之似忠信，行之似廉洁；众皆悦之，自以为是，而不可与入尧舜之道，故曰德之贼也。孔子曰：'恶似而非者；恶莠，恐其乱苗也；恶佞，恐其乱义也；恶利口，恐其乱信也；恶郑声，恐其乱乐也；恶紫，恐其乱朱也；恶乡原，恐其乱德也。'君子反经而已矣。经正，则庶民兴；庶民兴，斯无邪慝矣。"

这里还是上面所述，孟子与万章师生之间的那一次对话，讨论了狂、狷问题之后，万章紧接着，又提出一个中国文化的基本精神问题。

万章首先引用孔子所说关于"乡原"的话，去问孟子，什么样子才是"乡原"？"乡原"是我国文化中一个特有的名称，现在我们谈话时，也常常会说到这个名称。

他说：孔子曾经说过，"过我门而不入我室"，对于经过我的门口，而不进来的人，我对他们当然遗憾，只有"乡原”这种人，我是不会遗憾的，因为“乡原，德之贼也”。请问，什么才叫做“乡原”？

孟子说，“乡原”这种人，有知识，也受过教育，好像学问、人品也不错，可是没有建立人生观，没有人格，平常却信口批评圣人。这一类人，“言不顾行，行不顾言”，说了一些尧舜之道，事实上又做不到，而他们的行为非狂即猥，又不能和他们口中所说的尧舜那样。他们把古人都抬出来，如何如何，自己却不做尧舜，只叫别人当尧舜，“嘐嘐然”，嘴里的大话很多，一辈子想救世界，教化人，结果没有人同路，也没有人真信他。这类人认为，一个人活在这个世界上，要顾到现实，自己一辈子活得好就可以了。

孟子说：这一类人，不但向现实低头，而且还“阉然媚于世”，讨好现实。后世的人叫这种人为“阿世”，态度“阉然”，不男不女，没有自己的人格与精神，如风吹两边倒的墙头草，没有中心的人品。假如是在现代的会议席上，当争议发生时，他会说双方的意见都好，大家综合一下就好了。这就是“乡原”。他没有对就说对，不对就说不对的气魄。反正他不得罪人，也怕得罪人，如果骂他两句，他会说：你大概有点误会，我们都是好朋友，你骂两句也没有关系。

万章说：老师，你这样一说就怪了，“原人”是好人，一乡的人都说他是“原人”，一个人在一乡党之中，如果做到被公认为药中甘草，是和事佬，不反对别人的意见，以别人的意见为自己的意见，人云亦云，貌似良善的话，孔子为什么会说他是道德之贼呢？

孟子说：这种人“无举也”，别人骂他是贼，都反对他，他也不脸红，不难过。“刺之无刺也”，他软瘫瘫的，正如禅宗祖师骂人“皮下无血”，是凉血动物，没有血性，刺他一下，不痛不痒。“同乎流俗，合乎污世”，别人觉得怎样好，他也就怎样好。人说不可以穿长袍，他明天就脱了。“居之似忠信”，表面上看起来，好像是忠信——拜托他事情，满口答应，过了好几天却毫无消息，再去问他，他说慢慢来，再想办法。请他写封介绍信，他也满口答应，不管有效无效，反正他做好人，写了算了。“行之似廉洁”，他的行为看起来，似乎也干净，送他一点东西，他说不好意思收，不要，不要，但小的不要，大数目也可以要。

几十年前，这类人被称作“汤圆”。抗战时期在四川，听到人们叫这类人“水晶猴子”。有事时，想到某人是“汤圆”，就说把汤圆找来，事情好办，因为汤圆又圆又软，任人挪拿，对于这种作风，他还自以为很对，做人成功了，绝对不讲人生的大道理。总之一句话，这种人，看上去有学问，有知识，以不得罪人为原则，面面讨好，没有是非观念。当然，他心里对于是非明白得很，但他的行为，并没有是非观念。闽南人叫做“搓汤圆”，上海人叫做“和稀泥”。

在李宗吾的《厚黑学》中，最后就说到这种人。孔孟之道痛恨这种人，但是时代到了某一阶段，这种人是非常多的。所以人生之道，在儒家是道德，就是佛家的戒律；戒律的道理，就是明辨是非，明辨善恶，任何思想行为，不可以马虎。儒家坚持人格、道德必须要有自己的标准，不可以苟且，不可以忽视，否则就是“乡原”。

“乡原”之所以是“德之贼”，因为“乡原”的作风，和道德的行为，在外表上差不多，很相像，那就是《西游记》上，孙悟空在小雷音寺，遇到乡原佛，也上了当。孙悟空这个水晶猴子，那么聪明剔透，遇到任何妖怪也不吃亏，只有遇到这个与真佛很像的假佛——乡原佛，他吃了亏上了当。

孟子说：孔子曾说过，一个时代，不论文化、学说、社会、政治，乃至做生意，最讨厌、最可怕的是大概、好像、差不多，等等，简直分辨不出是肯定还是否定，实际上这就是大奸大恶。“恶莠，恐其乱苗也”，就像种田的人，要将莠草、稗子拔掉，以免混乱了真正的秧苗。“恶佞，恐其乱义也”，这种恶佞的人，见风转舵，看起来很像够朋友，做事适当，而往往是助人之恶。“恶利口，恐其乱信”，能说会道，擅长辩论，一张口说话，歪理千条，一句话可以把一个国家，送到灭亡的路上。“恶郑声，恐其乱乐也”，那种靡靡之音，听起来很好听，但对整个社会风气，影响太大。“恶紫，恐其乱朱也”，古代认为朱——红色，是正色。现在所说的原色，其实在我国几千年前，已经有了颜色的分类，确立了原色和变色的原理。紫色为变色，但是很悦目，把朱这种正色的光华，在视觉上遮盖了。

后来清朝人们作文章、说话，都不敢引用“恶紫，恐其乱朱也”这句话，因为清代有人作了一首赏紫牡丹的诗，引用了这句话说“夺朱非正色，异种亦称王”。照理说，上一句是引用这句话，咏花的颜色；下一句因牡丹花素有花王之称，这两句诗，用来咏紫色的牡丹，用典是最为贴切的了。可是清兵入关，推翻了明朝，而明朝的皇帝，又刚好是姓朱，所以就有人指为是讥讽朝廷，报告到清廷皇帝那里，而兴起诛九族的文字大狱。另外还有人的诗中有“清风不识字，何事乱翻书”的句子，同样被认为有反清的思想，因而大兴文字之狱。这是讲到这一段想起的故事，顺便提一下，当然与《孟子》的本文，并没有关联。

《孟子》这里又引用孔子“恶似而非者”的话，最后一句是“恶乡原，恐其乱德也”。中国文化是绝对反对“乡原”的，教育的目的，是建立一个人格；知识只是谋生技能的养成，千万不要变成“乡原”。自古以来，知识多了以后，很容易走上“乡原”的路。

所以君子之道“反经而已矣”，“反经”不是反对经，而是返回正常。韩愈的学生李翺，学了禅宗以后，了解了人性本性的道理，写了一篇题名《复性》的文章，复性就是“反经”。“经”就是常，就是正。社会到了混乱的时候，一个知识分子的醒悟，能够使文化、思想、风气，从混乱中返回到正常，就是“反经”。所有的知识分子都能“反经”，“经正”，人生的常道一正，“则庶民兴”，所有人类社会，都跟着走上正路了，邪见自然没有了，奸佞的人也没有了。

这一段是全部《孟子》的结论。下面最后一段，是孟子的感慨。在前面《公孙丑》章，孟子曾经提到过“五百年必有王者兴，其间必有名世者”，这里，孟子的话，说得更具体了。

> 孟子曰：“由尧、舜至于汤，五百有余岁，若禹、皋陶则见而知之，若汤则闻而知之。由汤至于文王，五百有余岁，若伊尹、莱朱则见而知之，若文王则闻而知

之。由文王至于孔子，五百有余岁，若太公望、散宜生则见而知之，若孔子则闻而知之。由孔子而来至于今，百有余岁，去圣人之世若此其未远也，近圣人之居若此其甚也，然而无有乎尔！则亦无有乎尔！”

孟子的感慨

孟子说：从唐尧到商汤这五百多年间，其中的大禹和中国法治的始祖皋陶，他们道的成就，“则见而知之”，是靠修养来的，人生的经验多了，学识丰富了，知道回转来找这个道。商汤又差一点，他是“闻而知之”，由上古留下来的文化教育，才知道回归本性。后来佛学中经常说到的一个名词“声闻众”，就是听了佛法，学了佛法，是由佛经告诉我们如何学佛，乃至于修道成佛，都是“声闻”而来，不是自己悟出来的，不是无师自通的。像尧舜，就是无师自通的。

由汤至文王，五百余年，又是一个历史的大起落、大转变，其间有伊尹、莱朱，这些名宰相，他们也是“见而知之”的。文王则是“闻而知之”。再由文王到孔子，又过了五百年，其中姜太公、散宜生是“见而知之”。孔子是“闻而知之”，是秉承传统文化的启示而来的。

孟子又说，由孔子到现在，只有一百多年，距离孔子的时代不算远，尤其我是邹地人，和孔子的家乡也很近。“然而无有乎尔！则亦无有乎尔”，在我这一生，却一无所成，想想我未来的日子也不多了，将来也不会有什么了。

这一段是孟子非常大的感叹，好像白活了一辈子，对人类社会没有贡献。

回想他在《公孙丑》章中曾说“五百年必有王者兴，其间必有名世者”的时候，最后还说：“如欲平治天下，当今之世，舍我其谁也。”他的话，当时很勉励自己的，可见那是中年时候说的；而这次他说“无有乎尔”，是在晚年说的。

“五百年必有王者兴”这句话，是由孟子明确提出来的。而在中国文化中，五百年是历史文化命运的大关键，三十年为一世，这一世当中有一个变化；六十年为一个花甲，两个花甲是一百二十年，又是一个变化；而一个花甲有五纪，即十二年为一纪，在“世”与“纪”的当中，又都有小的变化。六十年中小变化，一百二十年大变化，五百年更大的变化。

有一年，我曾在孔孟学会讲“五百年而后王者兴”的问题。上古史因资料不全，暂不去说。从周文王到孔子为五百年算起，是第一期。到现在一九七九年，已经是二十世纪末期，从二十一世纪开始，刚好是第六个五百年开始。孔子以后这个五百年，中间就是汉朝统一，汉武帝跟董仲舒整理文化，这是第二个五百年。由汉武帝到达摩祖师到中国来，禅宗的传入为第三个五百年。然后由达摩祖师到宋儒的兴起，是第四个五百年。理学家的兴起到王阳明的学说影响整个东方民族，为第五个五百年。由王阳明到现在四百多年，这个历史的大命运，是一个关键，所以讲算命啊，我们这个民族，交运脱运之间，是很苦的。在这个过来以后，你们青年一代，现在就要努力，未来五百年的命运，操之在你们的手里。不过要看你们能不能挑得起，五百年的命运能不能做一个黏胶，把这中间连起来黏住。假设你们还不能做个黏胶，前后就联结不起来了，中华文化断了怎么办？所以看青年同学哪一位能够充实自己，能够真正挑得起来，才能承先启后，继往开来。因此关于《孟子》的最后一段，说到五百年，不免有这么一个感想。

我们今天把《孟子》匆匆做一个结束，这次讲《孟子》的一件工程，算是完成了。

东方出版社南怀瑾作品

论语别裁(上下)
话说中庸
孟子与公孙丑
孟子与离娄
孟子与滕文公、告子
原本大学微言(上下)
孟子旁通
孟子与万章
孟子与尽心篇

维摩诘的花雨满天(上下)
《瑜伽师地论·声闻地》讲录
金刚经说什么
药师经的济世观
圆觉经略说
楞严大义今释
楞伽大义今释
禅话
禅海蠡测
禅与生命的认知初讲
南怀瑾与彼得·圣吉——关于禅、生命认知的对话
禅宗与道家
答问青壮年参禅者
定慧初修
如何修证佛法
学佛者的基本信念
中国佛教发展史略述

老子他说(初续合集)
庄子諵譁(上下)

列子臆说(上中下)

我说参同契(上中下)

易经系传别讲

易经杂说

静坐修道与长生不老

道家、密宗与东方神秘学

中国道教发展史略述

小言黄帝内经与生命科学

漫谈中国文化——金融 企业 国学

廿一世纪初的前言后语

南怀瑾讲演录 2004—2006

亦新亦旧的一代

人生的起点和终站

历史的经验

中国文化泛言

Basic Buddhism: *Exploring Buddhism and Zen*(《中国佛教发展史略述》英文版)

Tao and Longevity(《静坐修道与长生不老》英文版)

图书在版编目(CIP)数据

孟子与尽心篇/南怀瑾讲述.—北京:东方出版社,2014.6

ISBN 978-7-5060-7533-6

Ⅰ.①孟…　Ⅱ.①南…　Ⅲ.①儒家②《孟子》—研究　Ⅳ.①B222.55

中国版本图书馆CIP数据核字(2014)第121182号

孟子与尽心篇

南怀瑾　讲述

责任编辑: 孙　涵　孙立英
出　　版: 东方出版社
发　　行: 人民东方出版传媒有限公司
地　　址: 北京市东城区朝阳门内大街166号
邮　　编: 100706
印　　刷: 环球印刷(北京)有限公司
版　　次: 2014年12月第1版
印　　次: 2014年12月第1次印刷
开　　本: 640毫米×960毫米　1/16
印　　张: 16
字　　数: 166千字
书　　号: ISBN 978-7-5060-7533-6
定　　价: 48.00元
发行电话: (010)64258117　64258115　64258112